KB260311

미래를 보는

7개의 시선

미래를 보는

7개의 **시선**

초판 1쇄	2016년 04월 15일

지은이	김혜경, 이규철, 최은경, 호효림, 송시영, 이대중, 최성원, 이현주, 김선화, 이새라, 오예진, 정연아, 심진아, 안정곤, 조근희, 지욱현, 이세민, 이세훈, 고승현, 박세희, 김운기, 윤종호, 정상한, 한덕, 신선미, 안상희, 전지영
편집	이광형 카이스트 문술미래전략대학원장 배일한 카이스트 문술미래전략대학원 연구교수
발행인	김재홍
디자인	박상아, 이슬기
교정·교열	김현경
마케팅	이연실
발행처	도서출판 지식공감
등록번호	제396-2012-000018호
주소	경기도 고양시 일산동구 견달산로225번길 112
전화	02-3141-2700
팩스	02-322-3089
홈페이지	www.bookdaum.com
가격	13,000원
ISBN	979-11-5622-160-9 13300
CIP제어번호	CIP2016008925

이 도서의 국립중앙도서관 출판도서목록(CIP)은 서지정보유통지원시스템 홈페이지 (http://seoji.nl.go.kr)와 국가자료공동목록시스템(http://www.nl.go.kr/kolisnet)에서 이용하실 수 있습니다.

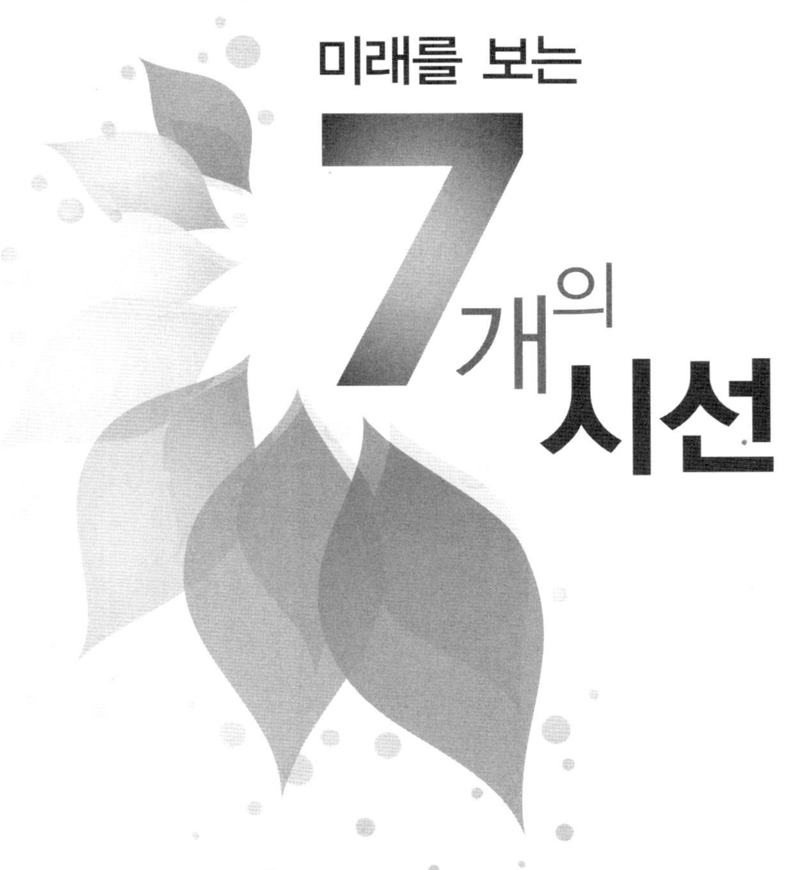

미래를 보는 7개의 시선

미래예측 사례집

KAIST 문술미래전략대학원

미래예측 사례집을 펴내며

미래학은 변화 대응력을 높여 준다

　미래는 불확실하다. 이 불확실성 때문에 많은 사람들이 미래를 불안해하고, 미래를 예측하고 싶다는 생각을 더 강하게 한다. 미래는 아직 정해지지 않았기에 정확하게 예측한다는 것은 사실상 불가능하다. 미래는 너무나 많은 요소가 관련되어 있고, 또한 시간이 흐르면서 그 관련 요소들이 상호작용하면서 새로운 상황을 만들기 때문이다. 그래서 미래학을 연구하는 사람들은 예측하는 미래의 모습을 하나의 모습으로 가정하지 않는다. 발생 가능한 다양한 여러 개의 모습을 상상하며 예측 작업을 한다.

　우리는 미래예측을 하는 가운데 미처 생각하지 못했던 관련 요소들을 파악하게 되고, 그것들 사이의 상호작용을 이해하게 된다. 미래를 예측하면 실제로 그러한 미래가 현실화되더라도 놀라지 않게 된다. 이미 상상해봤던 일이기에 당황하지 않고 대비하게 된다. 그래서 미래학을 공부하면 변화 대응력이 높아지고, 당연히 미래 비전과 미래전략에 대한 생각을 많이 하게 된다. 그리고 조직 속에서 미래를 먼저 언급하고 전략을 제시하다 보면 자연스럽게 주목을 받게 되고 이러한 과정을 거치며 리더십도 형성된다.

미래예측과 미래전략 사례

필자는 **KAIST** 문술미래전략대학원에서 미래예측 과목을 강의하고 있다. 필수로 되어 있는 이 과목은 매년 많은 학생들이 수강하고 있는데, 강의의 전체적인 구성은 다음과 같다.

1. 미래학이란?
2. 미래관리
3. 미래변화 7대 요소(STEPPER)
4. 미래예측 5단계
5. 미래예측 방법
6. 3차원 미래예측법
7. 미래예측 프로젝트

프로젝트 시간에는 학생들이 4~5명씩 팀을 이루어 협동하며, 자율적으로 예측하고자 하는 대상을 정하고, 실제로 예측하고 전략을 수립하여 발표하고 보고서를 제출한다. 이 책은 미래예측 프로젝트 시간에 학생들이 제출한 일곱 개의 보고서를 포함하고 있다. 학생들의 보고서를 검토하면서 이 내용을 많이 사람들이 공유하면 미래에 대한 우리나라의 인식이 높아질 것이라는 생각을 하게 되었다. 이러한 뜻에 동의하고 보고서를 원고로 제출해준 우리 학생들에게 감사드리며 원고를 잘 정리해준 배일한 연구교수님께도 감사드린다. 이 책이 미래예측 방법의 보급과 대한민국의 미래전략 연구에 조금이나마 도움이 되기를 소망한다.

이광형(미래예측 강의담당교수, KAIST 문술미래전략대학원장)

카이스트, 미래를 내다보는 7개의 시선

미래란 무엇인가

미래는 '아닐 未'에 '올 來' 자를 결합한 한자어로 '오지 않은 시간'을 의미한다. 지구상의 많은 고등생물 중에서 유일하게 인간만이 아직 발생하지 않은 상황이나 시간(未來)을 앞서 상상하는 독특한 능력을 갖고 있다. 인간이 미래를 생각할 수 있는 근본 원인은 호모 사피엔스의 두뇌가 보이지 않는 것도 존재한다고 믿는 창조적 정신병을 앓고 있기 때문이다(Harari, 2015). 고대인들은 아직 오지 않은 시간의 불확실성을 통제하기 위해서 주기적인 날씨의 변화를 예고하는 달력을 만들고 자연의 변화를 개인, 부족의 미래와 연관시키는 점성술을 신봉했다. 또한, 종교를 만들어서 자신이 죽은 이후의 다음 세상, 미래를 미리 알고자 했다.

인류가 오랜 세월 '오지 않은 시간'을 미리 알고자 노력해왔지만 미래는 여전히 불확실성이 압도적으로 지배하는 영역이다. 우리는 스포츠경기의 결과처럼 제한된 상황에서 펼쳐지는 아주 가까운 미래를 예측하는 것조차 종종 틀린다. 하물며 수많은 요인이 복잡하게 영향을 미치는 세상사의 먼

미래를 정확히 예측하기란 불가능하다.

우리는 왜 정확히 알 수 없는데도 미래에 꾸준히 관심을 갖고 예측해야 하는가? 사람이 할 일을 다 하고 결과는 하늘의 뜻에 맡긴다는 진인사대천명(盡人事待天命)처럼 미래의 불확실성을 있는 그대로 받아들이고 현재의 일에만 충실하면 되지 않을까. 대답은 아무리 정확성이 떨어지는 미래예측이라도 방치된 미래와 정면으로 부딪치는 상황보다는 훨씬 바람직하기 때문이다. 미래를 예측하지 않고 방치하면 그 불확실성 속에 잠재된 위험요인은 계속된다. 불확실한 미래가 막상 바람직하지 못한 현실로 다가올 때 아무런 준비가 없이 맞닥뜨리면 감당하기 어려울 정도로 사회적 비용이 커진다. 그래서 예측이 어렵고 불투명한 미래라도 꾸준히 관심을 갖고 미래의 위험요인을 감지하고 데이터를 모으면서 다양한 경우를 유념해야 한다. 이처럼 여러 가지 미래 상황을 앞서 예측하고 준비하면 특정한 미래 상황이 임박한 시점에서 예측의 정밀도와 유효성은 크게 높아진다. 또한, 우리가 원하는 형태로 미래 상황을 통제하기도 훨씬 용이하다. 아직 오지 않은 시간, 미래를 예측하고 미리 준비하라. 미래의 불확실성어 끊임없이 도전하는 사람만이 원하는 미래를 쟁취한다.

왜 미래학인가

　현대사회는 갈수록 불확실성이 높아지고 점점 빠른 속도로 변해가고 있다. 급변하는 환경 속에서 앞으로 어떻게 살아야 할지 미래에 대한 불안감과 궁금증은 더욱 커지고 있다. 미래는 본질적으로 수많은 불확실성 속에 존재한다. 미래를 유효한 수준에서 예측하고 잠재된 위험성을 다양한 측면에서 관리하려면 여러 학문 영역 간의 융합적 접근법이 필요하다. 미래학은 앞으로 일어날 미래의 일을 시간의 축 위에서 내다보고 연구하는 융합학문이다. 도저히 예측할 수 없어 보이는 미래 이슈도 긴 시간의 축에서 과학적 연구를 거듭하고, 과거 데이터나 경험을 여러 각도로 분석하면 몇 가지 유력한 미래 변화의 패턴과 가능성이 드러난다. 물론 현시점에서 예측한 몇 가지 미래의 가능성이 실제로 일어난다는 보장은 없지만 미래의 불확실성을 보다 구체적으로 이해하고 미래를 준비하는 데 큰 도움을 준다.

　이처럼 미래를 과학적 방법으로 연구하고 관리하다 보면 스스로 원하는 미래를 만들거나 원치 않는 최악의 미래를 피할 수도 있다. 즉 미래학은 미래를 확률적으로 예측하는 단계를 넘어 사람들이 원하고 더욱 바람직한 미래를 찾도록 돕는 역할을 한다. 미래학에서 다루는 미래는 단수형의 확정된 미래(future)가 아니라 복수형의 future+'s', 즉 여러 개의 아직 오지 않은 시간들, 다미래(多未來)이다. 그래서 미래학의 영문표기는 'futures studies'가 세계 표준으로 통용된다. 미래학자들이 굳이 복수형 미래를 내

세우는 이유는 미래를 이미 정해진 대상으로 보는 것이 아니라 수많은 가능성 속에서 인간의 주체적인 선택을 강조하는 뜻이다.

미래학은 1950년대 진보적 학자들을 중심으로 서구 과학기술문명의 위기를 극복하려는 반성의 움직임 속에서 태동했다. 초기 미래학의 창시자들은 위험한 불확실성 속으로 치닫는 현대문명에서 인류를 구하기 위해 지속가능한 대안적 미래를 구상했다. 1972년 로마클럽에서 발표한 「성장의 한계」라는 보고서는 천연자원의 고갈과 환경오염, 인구증가, 핵전쟁의 위협 등에 대한 지구 차원의 해법을 최초로 모색했던 미래학 연구의 고전으로 남았다. 이 밖에도 미래학자들이 고안한 여러 가지 예측기법들은 기업체나 정부가 미래전략을 세우는 데 유용하게 활용됐다. 1970년대 이후 미래학과 관련한 국제조직으로 유럽과 제3세계 국가들이 주도하는 세계미래학연맹 "World Futures Studies Federation"과 미국 중심의 세계미래학회 "World Futures Society"가 생겨났고 국가별로 미래학 연구단체들이 속속 출범했다. 일부 개발도상국들은 선진국의 미래학 연구를 통해서 경제성장의 발전모델을 찾고자 했다.

한국은 미래학 태동기에 일찌감치 미래학 연구를 경제발전의 나침반으로 받아들인 대표적 사례였다. 1968년 이한빈, 최정호 등의 학자들은 한국미래학회를 만들고 미래지향적인 국가발전 아젠다를 제시해 주목을 받았다. 미국의 미래학자 허먼칸은 박정희 대통령에게 중화학공업 위주의 경제발전 전략을 자문하여 실제로 한국의 경제성장에 영감을 주기도 했다. 이후 국내 미래학 연구는 엘리트 위주의 발전주의 담론을 넘어서 대안적 미래비전을 제시하거나 미래학에 대한 제도적 토대를 구축하는 단계로 진입하지 못한 아쉬움을 남겼다.

2016년, 대한민국은 또다시 중대한 선택의 기로에 서 있다. 선진국을 모방하는 추격형 성장전략은 한계에 부딪혔다. 성장의 혜택이 서민층에 떨어지는 낙수효과는 말라버렸다. 저성장과 고령화, 청년실업, 교육문제, 양극화는 우리 사회의 미래를 구조적으로 옥죄고 있다. 급속도로 활력을 잃어가는 한국사회는 이제 새로운 미래의 비전을 찾아야 한다. 과거 고도성장기에나 통했던 정부주도의 국가비전, 선진국처럼 잘 사는 단수형의 미래(future)를 향해 더욱 열심히 달려가는 방식으로는 범지구적인 미래 변화의 물결을 헤쳐나갈 수 없다.

미래학의 진정한 가치는 역설적으로 한 사회의 미래가 불안하고 불확실할 때 빛을 발한다. 우리는 미래학을 통해 주체적 시각으로 여러 가지 미래의 가능성을 예측하고 그중에서 가장 바람직한 미래를 능동적으로 추구할 수 있다. 미래학은 현시점에서 불확실한 미래를 돌파하는 데 아주 유용한, 한국인에게 가장 필요한 학문이다.

카이스트 미래전략대학원의 **미래** 도전

이 땅에 서구의 미래학이 소개된 지도 반세기가 지났지만 아직도 체계적인 미래연구와 미래교육은 초기 단계에 머물러 왔다. 국내 연구자들은 여전히 외국 미래학자들의 저술로 미래학을 배우고 사적인 네트워크를 통해서 미래예측과 관련한 지식을 교류하는 수준이었다. 이러한 사회적 수요에 따라 2013년 카이스트에 국내 최초의 미래전략대학원이 설립되어 본격적인 미래학 강의를 시작했다. 대학원 설립을 후원한 정문술 전 미래산업

회장의 이름을 붙인 카이스트 문술미래전략대학원은 공무원 및 민간분야 전문가들을 위한 미래전략 석박사 프로그램을 운영해 정부, 기업체의 미래전략 수립에 큰 도움을 주고 있다. 또한, 주요 정책연구기관과 연계해 미래정책을 발굴하고 외국 미래학자들과 활발한 학술교류를 통해 한국을 대표하는 미래학 연구의 중심으로 확고히 자리를 잡았다.

미래전략대학원생들은 미래학 관련 과목들을 필수로 수강해야 한다. 이 책은 문술미래전략대학원의 2015년 2학기 '미래학과 미래예측' 강의실에서 나왔다. 기말 프로젝트는 2030년 미래를 시점으로 자유로운 주제로 미래예측 과제를 수행하는 것이었다. 총 22개 팀이 발표한 미래예측 과제는 예상보다 수준이 높았다. 예비 미래학자들의 당찬 결과물을 이왕이면 널리 공유하자는 의견에 따라 참신한 관점이 돋보이는 7개 팀의 과제물을 최종 선정해서 출판하기로 했다.

『미래를 보는 7개의 시선』이란 책 제목은 문술미래전략대학원에서 선정한 7대 미래 변수인 스테퍼(STEPPER): 사회(Society), 기술(Technology), 환경(Environment), 인구(Population), 정치(Politics), 경제(Economy), 자원(Resource)에서 영감을 얻어 정했다. 미래를 보는 7개의 시선은 미래를 STEPPER 프레임으로 분류하면 훨씬 균형 잡히고 입체적인 관점으로 조망할 수 있다는 의미이다.

이 책은 서두에서 학생들이 어떻게 미래예측을 수행했는지 독자들의 이해를 돕고자 카이스트 미래전략대학원의 미래예측기법: 5단계 미래관리 방법론과 3차원 미래예측법을 간략히 설명한다. 뒤이어 남북관계의 미래와 동북아시아의 미래, 가정용 로봇산업의 미래, 남성성의 미래, 3D프린터의 미래, 핀테크-지적재산권의 미래, 화장산업의 미래 등 총 7가지 주제의 미래예측을 차례로 다룬다.

이 책에 실린 미래 시나리오들은 해당 분야 전문가들의 시각에서 보면 일부 미흡한 점도 있을 것이다. 하지만 미래학에 열정을 지닌 학생들이 각자 미래를 바라보는 독특한 관점들을 함께 공유하고 평가할 장을 만든 것은 한국 미래학 발전에 의미가 크다. 자신이 원하는 바람직한 미래를 만들려면 남들이 어떻게 미래를 바라보는지 살펴볼 필요가 있다. 카이스트 미래전략대학원은 매년 학생들의 우수한 연구성과를 출판해서 독자들과 공유할 계획이다. 이 책이 미래예측에 관심 있는 학생이나 일반인들에게 유용한 참고자료가 되길 바란다. 미래의 가능성은 누구에게나 열려있다.

미래를 관리하는 방법

미래 관리 5단계

미래의 여러 가능성과 위험요인을 체계적으로 관리하려면 그림처럼 미래예측, 미래설계, 미래전략, 미래계획, 실행 및 유지보수의 5단계로 나누는 것이 바람직하다. 카이스트 문술미래전략대학원이 즐겨 활용하는 미래관리 5단계 방법은 미래예측의 신뢰성을 높이고 프로젝트에 참여하는 모든 주체 간 의사소통 수단으로도 대단히 유용하다.

표 1 미래관리 5단계

미래관리 단계		미래관리 내용
1단계	미래예측	과거 데이터를 분석하여 변화를 예측함
2단계	미래설계	원하는 모습의 미래를 설계하고 비전을 확립
3단계	미래전략	원하는 미래를 마들기 위한 전략수립
4단계	미래계획	전략에 따라서 실행계획 수립
5단계	실행 및 유지보수	정해진 계획을 실행하면서 환경변화에 따라 앞의 1, 2, 3, 4 단계를 반복하며 수정 보완

출처 : 이과형(2013), 3차원 미래 예측으로 보는 미래경영, 생능

첫 단계인 미래예측은 과거의 데이터를 분석하여 현 단계에서 가장 유력한 미래를 예측하는 것이다. 미래예측은 과거 데이터에서 찾아낸 핵심동인과 변화의 패턴이 앞으로 지속될 것이라 추론하는 외삽법(extrapolation)을 사용한다. 과거의 데이터를 분석해서 관련 동인을 찾아낸 다음, 영향력이 가장 큰 핵심동인(key drivers)을 찾은 다음 이를 기반으로 가능성이 높은 미래를 예측하는 순서를 따른다.

그림 1 미래예측의 3단계

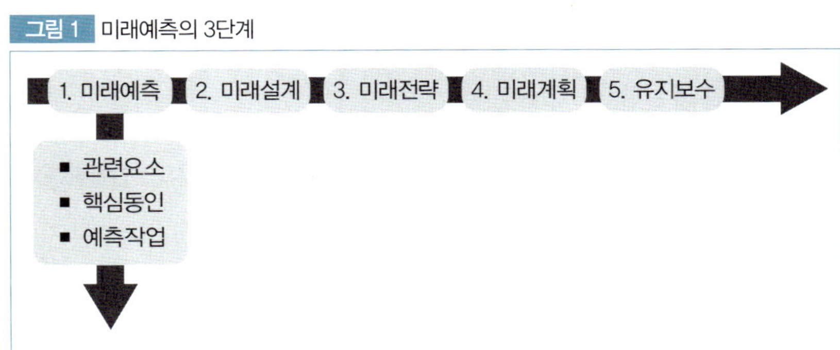

두 번째 단계는 미래설계, 즉 원하는 모습의 희망미래(desired futures, or preferred futures)를 설계해서 구체적 비전으로 만드는 단계이다. 미래설계는 바람직하다고 공감하는 희망미래를 선택한다. 이어서 선택한 희망미래를 바탕으로 미래 비전을 정한다.

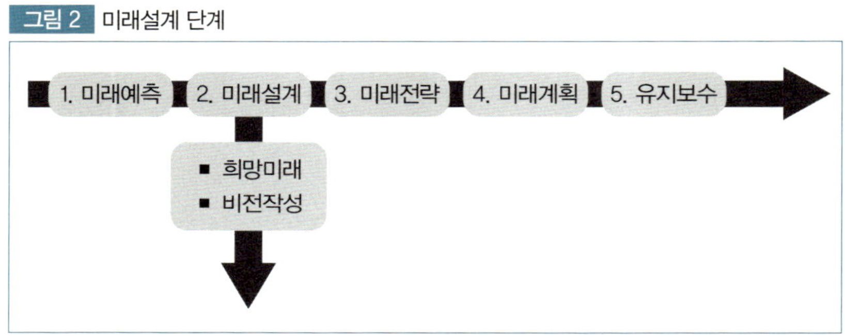

출처 : 이광형(2013), 「3차원 미래예측으로 보는 미래경영」

세 번째 단계는 미래전략이다. 원하는 희망미래와 현재 실태와의 차이점을 냉철히 파악한 다음 희망미래를 어떻게 구현할지 미래전략을 세운다.

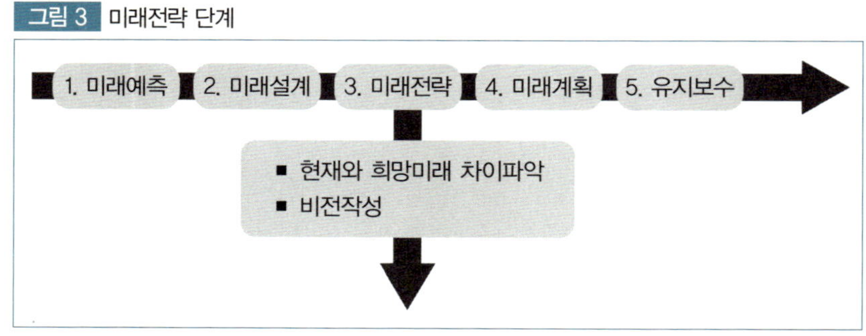

출처 : 이광형(2013), 「3차원 미래예측으로 보는 미래경영」

네 번째 단계는 미래계획이다. 앞에서 설정한 미래전략을 실행하기 위한 좀 더 구체적인 실행계획을 만드는 것이다. 이미 수립한 미래전략의 성과를 달성하기 위한 실행계획을 평가, 검증한 다음 우선순위를 정하는 단계이다.

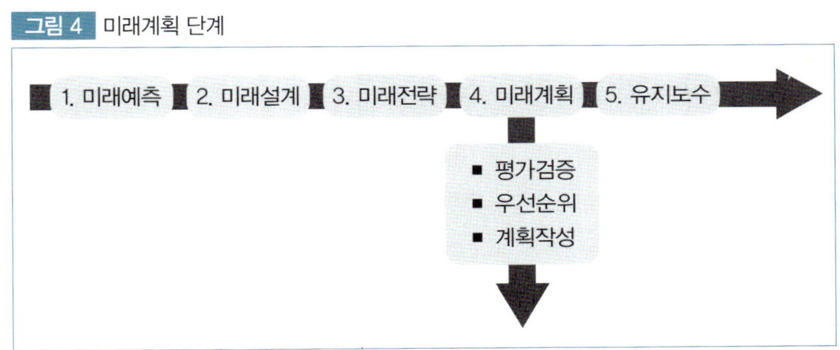

그림 4 미래계획 단계

출처 : 이광형(2013), 「3차원 미래예측으로 보는 미래경영」

미래관리의 마지막 5단계는 유지 보수이다. 객관적으로 미래를 예측하고 원하는 선호미래를 설계하고 미래전략과 더 상세한 미래계획을 세우는 과정은 끝났다. 이제는 주요 이해관계자(stakeholder)들과 의견을 교환하면서 미래 보고서 작성과정에서 오해나 잘못된 점을 교정하고 정확성을 높여야 한다. 이해관계자들과 미래관리의 주요 과정을 공유한 다음에 최종 보고서를 프로젝트 발주자에게 제출한다. 그리고 어느 정도 시간이 흐른 뒤에 미팅을 통해서 상황 변화에 따라 미래전략과 미래계획을 다시 수정하는 피드백 작업을 한다. 정기적인 업데이트 과정을 통해서 미래예측 보고서와 미래전략은 시간이 흘러도 유효성을 유지할 수 있다.

출처 : 이광형(2013), 「3차원 미래예측으로 보는 미래경영」

미래를 예측하는 방법

미래 변화의 7대 요소 : STEPPER

미래는 복잡하고 다양한 요소에 의해서 영향을 받는다. KAIST 미래전략대학원은 미래관리의 1단계 '미래예측'에서 미래를 변화시키는 관련 요소를 찾을 때 스테퍼(STEPPER) 분석방법을 권장한다. 스테퍼 분석은 미래를 결정하는 7대 공통요소로 사회(society), 기술(technology), 환경(environment), 인구(population), 정치(politics), 경제(economy), 자원(resource)을 말한다. 이 요소들의 영문 첫 글자를 따서 'STEPPER'라고 한다. 스테퍼는 세상을 바꾸는 거시적인 변화 요인이기도 하다. 스테퍼를 이용하면 연구주제인 특정한 미래에 영향을 미치는 관련 요인들을 폭넓게 추출하고 가장 중요한 핵심동인을 찾아낼 때도 객관적인 분석이 가능하다.

7대 변수	미래변화 핵심동인 세부 구성요소
Society 사회	문화, 역사, 교육, 건강, 복지, 언론/미디어, 통신/교통인프라, 소셜미디어(SM), 사회안전, 사회보장, 정보/사생활 보호, 게임/오락/관광, 패션/스타일, 정의/평등/신뢰/부패, 사회갈등, 개방성/폐쇄성 등
Technology 기술	과학/수학, 공학, 연구개발, 혁신, 지식재산, 창업/벤처, 기술경영, 도시, 정보통신/사이버, 의료/바이오, 국방기술, 교통기술, 사회기술, 문화기술 등
Environment 환경	재난, 재해, 기후변화/온실가스 발생, 환경오염, 환경보전, 지형/지질, 육지/해양 생태계, 생물종 다양성, 공장/토지/해양 이용 등
Population 인구	인구수, 인구 분포, 노동력, 고용, 실업, 소비, 생산력, 출산, 고령화, 음식, 기아/비만, 주택, 동물 등
Politics 정치	정치체제, 정당, 지배구조, 정치리더십, 법/행정/제도, 시민참여/이해집단, 전략/정책, 국제관계/주변외교, 남북관계, 영토분쟁, 역사문제, 국방/국가정보/사이버안보 등
Economy 경제	산업구조, 농업/제조업/서비스업, 제조/유통/물류, 무역, 금융, 재정, 예산/기획, 보험, 세금, 성장률, GDP/GNP, 빈부차, 생활비 등
Resources 자원	지하자원, 에너지, 전기, 수자원, 해양자원(대륙붕, 메탄하이드레이트), 에너지 안보 등

출처 : 임춘택, 이광형(2013), 「카이스트를 여는 명강의 2014」, 푸른지식

3차원 미래예측법

KAIST 미래전략대학원은 미래예측 단계에서 연구자의 주관적 판단에 따른 오류 가능성을 줄이기 위해 독자적으로 3차원 미래예측법을 고안했다. 시간(T), 공간(S), 분야(F)라는 세 개의 축으로 만들어진 3차원 공간에서 미래를 예측하는 방법론이다. 이 세상에서 발생하는 현상들은 어느 것이나 시간과 공간에 영향을 받고 인간의 반응은 특정 현상의 범주화(분야)에 영향을 받는 데 착안한 것이다.

그림에서 시간(T) 축은 과거, 현재, 미래를 한눈에 보여주고 예측하려는

목표 연도를 설정한다. 공간(S) 축은 특정한 현상이 다른 지역에서 발생했을 경우를 상상하게 한다. 예를 들어 한국, 미국, 일본, 중국 등으로 지역을 나누어 표시할 수 있다. 분야(F) 축은 연구 대상과 관련한 요소들을 나열해서 특정한 시간과 장소에서 관련 요소들이 어떤 상호작용을 진행하는지 직관적으로 보여준다.

특정한 주제의 미래를 예측할 때 관련 사항들을 시간, 공간, 분야로 보여주는 3차원 미래예측 방법론은 복잡하고 어려운 미래예측을 보다 직관적이고 입체적으로 파악하는 사고의 틀을 제시한다. 이 책에 실린 미래예측도 3차원 미래예측법을 기본 틀로 활용한 사례가 많다.

그림 6 3차원 미래예측 구성도

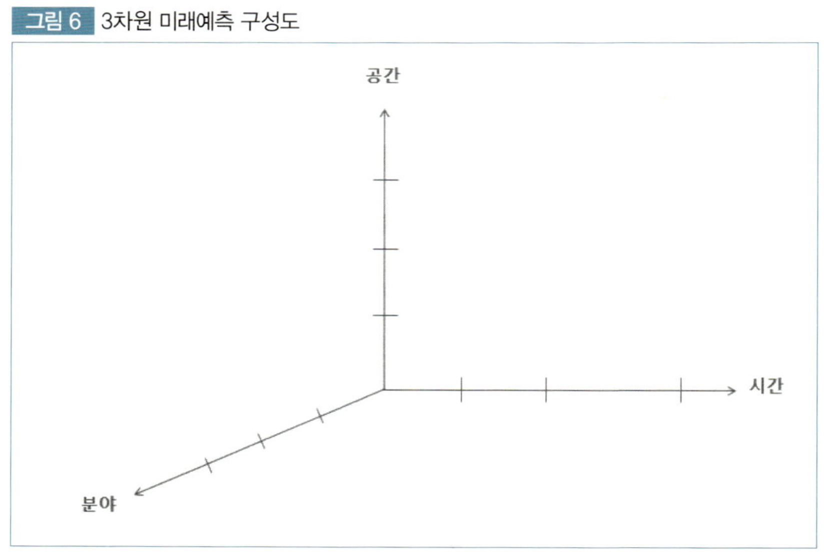

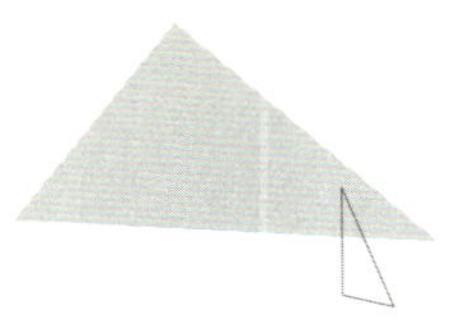

contents

01

15년 뒤 남북관계 미래예측

미래학과 미래예측

김혜경
이규철
최은경
호효림

contents

Ⅰ. 개요

　미래학과 미래예측 조별 프로젝트를 시작하기에 앞서 과거와 현재 그리고 15년 후, 우리나라에 중요한 사회적 이슈들이 무엇이 있었고, 무엇이 있을 것으로 예상되는지 찾아보기로 하였다. 그 결과, 논의된 주제는 우리의 영원한 바람인 '통일'이었다. 팀원 모두 '통일'을 위해 작은 일에도 적극적으로 행동했던 세대나 개인은 아니지만, 만약 15년 후에 통일이 된다면 우리 세대가 사회적, 정치적으로 영 향력을 미칠 수 있는 세대라는 것을 파악할 수 있었다. 따라서 적극적으로 통일에 대한 미래전략을 구상하는 것이 직접적인 통일 이슈를 다루는 전문가 및 관계자들에게도 필요하겠지만, 우리와 비슷한 세대에게도 좋은 준비 과정이 될 수 있을 것이라는 의미를 찾게 되었고, '남북관계의 미래예측'을 주제로 프로젝트를 진행하게 되었다.

　주제와 관련된 기사를 찾아보던 중, '북한의 미래'에 대해 한국을 포함한 전 세계 북한 및 안보전문가 135명을 대상으로 설문조사를 한 고려대학교 일민국제관계연구원(원장 : 김성한 교수)의 조사 결과를 접하게 되었다. 2015년 4월 14일부터 5월 8일까지 설문조사를 시행하였으며, 대다수 전문가들은 김정은 체제가 10~20년은 유지될 것이며, 한반도 통일시기를 10~20년 사이로 예측하고 있다고 하였다.

표1 설문조사 결과

통일 관련 질문	국내 전문가 주요 응답 내용 (응답 비율)	해외 전문가 주요 응답 내용 (응답 비율)
통일 시기	10~20년(55.1%)	10~20년(41.9%)
통일 방식	북한 붕괴(80%)	남북 합의(25%) 북한 붕괴(58%)

통일 관련 질문	국내 전문가 주요 응답 내용 (응답 비율)	해외 전문가 주요 응답 내용 (응답 비율)
바람직한 통일 방식	북한 붕괴(31.1%) / 남북 합의(60%)	
김정은 체제 유지 기간	10년 이내(48.9%) / 10~20년 이내(33.3%)	
김정은 체제 붕괴 이유	경제 파탄(27.4%) / 주민 봉기(3%) / 지도부 내 권력투쟁(64.4%)	
향후 3~5년 북한 국내 정치 분위기	내부 불안정성 증대 또는 붕괴(35.5%) / 김정은 체제의 공고화 (48.1%)	
북한의 핵문제 전략	핵능력 지속적 강화(51.9%) / 핵능력 유지 & 협상 시도(43.7%) / 핵 포기 가능성(4.4%)	
북한의 대남정책	강경책 & 유화책 반복(83%)	
북한의 경제상황	큰 변화 없음(57.1%)	큰 변화 없음(51.2%)
북한의 경제특구, 개방 정책	현재와 비슷(71.1%)	개혁개방 가능성(33%)
통일한국의 미래 국력	5~10위(55.1%)	10~15위(50%)

출처 : 아시아경제, 2014.08

15년 후에는 '남북 통일'이 현실이 될 수 있겠다는 가능성을 갖게 된 주요 기사였다. 8조의 기말 과제 주제를 '남북관계의 미래예측'으로 정하고 처음 진행했던 것은 '미래예측 문제정의'이다. 프로젝트의 목적은 남북관계 관련 미래예측을 통한 통일 가능성 예측 및 분석으로, 주된 사용자는 남북관계 관련 업무 종사자이고, 용도로는 향후 남북관계 예측 및 업무 수행 시 참조자료로 활용하는 것으로 정하였다.

앞에서도 언급하였지만, 통일의 미래세대인 남한의 20~30대에게도 통일에 대한 인식을 심어주고 현상에 대한 이해를 바탕으로 실천할 수 있는 의지를 불러일으켜주면 더 좋겠다는 추가적인 용도도 설정하였다. 프로젝트 기간은 3학기 관련 수업인 '미래학과 미래예측'의 수강 기간으로 설정하였으며, 조사 방법에서 특별히 비용이 발생하는 방법은 동원하지 않을 계획으로 예산은 개인의 프로젝트 참여 시간을 제외하고 금전적인 부분의 발생은 최소화하였다. 예측 기간은 15년 후인 2030년을 최종 시점으로 하였으며, 20세기 말과 현재(2015년)의 분석을 기반하여 2030년을 예측하려고 한다. 본 주제의 이해관계자는 '남북 통일'에 대해 직·간접적으로 참여하고, 영향을 받는 정부기관 및 기업 등을 들 수 있으며, 통일에 대해 중요하게 생각하는 개인들도 간접적인 이해관계자라고 파악하였다.

데이터 정보 활용은 '남북 통일'에 대한 기사, 기관 보고서, 정부 정책 자료 등을 참고할 수 있으며, 예측 방법 및 결과 통합 방법으로는 트렌드 분석, 텍스트 마이닝, 정부 정책 분석, 이해관계자 및 전문가 인터뷰, 온라인 설문조사, 시나리오 기법 등을 사용하고자 한다. 사용자 또는 이해관계자와의 소통을 위해서 이메일 등을 활용하여 피드백을 받을 수 있기를 기대하며, 결과물은 관련 학회 및 포럼의 주제 발표 혹은 기사화되어 '남북 통일'과 관련된 업무를 수행하거나 개인적으로 통일 인식을 갖기 위한 자료로 활용되기를 바란다.

Ⅱ. 미래예측 구축

1. 문제정의

분야	내용
1. 프로젝트 목적	15년 후의 남북 관계를 예측하고, 통일 대한민국을 만들기 위한 미래전략 수립
2. 사용자 및 용도	사용자 : 남북 관계 업무 종사자(정부, 기업, 민간 단체 등) 및 개인 용도 : 향후 남북 관계 업무 수행 시 참고 자료, 통일 준비 세대를 위한 이해 자료로 활용
3. 자원(기간 및 예산)	기간 : 2015. 09. 12~2015. 11. 28 (총 11주) 예산 : N/A
4. 예측대상 시간범위	2030년 (향후 15년 후)
5. 프로젝트 참여자	기본 팀 구성 : 김혜경, 이규철, 최은경, 호효림 설문조사 참여 : 관련 공공기관, 연구기관, 대학, NGO 등 남북관계 전문가
6. 이해관계자	국내 통일 관련 정부 기관 및 기업, 개인
7. 데이터 활용 여부	통일 관련 기사, 기관보고서, 정부 정책 자료 등
8. 예측방법, 결과통합 방법	트렌드 분석, 텍스트 마이닝, 정부 정책 분석, 이해관계자 및 전문가 인터뷰, 온라인 설문조사, 시나리오 기법, 3차원 미래예측법 등
9. 소통 (사용자, 이해관계자)	이메일을 통한 정보 공유 및 소통
10. 결과물 (실행, 유지보수)	관련 학회 및 포럼의 주제 발표, 대중의 이해를 위한 기사로 활용

2. 관련 요소 추출

1) 텍스트 마이닝

대중의 중심에 서 있는 언론기관이 통일에 대해서 올해(2015년) 어떠한 기사들을 작성하고 있으며, 어떻게 대중에게 정보를 제공하고 여론을 형성하는지 현재 상황에 대한 파악이 먼저 선행되어야 한다고 생각하였다. 따라서 2014년 기준으로 국내 상위권 3사(조선일보, 중앙일보, 국민일보)의 시장

미래를 보는 7개의 시선

점유율이 약 60%인 것을 고려하여, 2014년 매출액 기준으로 시장점유율 1위와 2위인 조선일보와 중앙일보를 선정하였고, 국내 정치 및 언론의 성향이 주로 양분화(여권과 야권)되어 있는 상황을 고려하여, 한겨레신문을 추가적으로 선정하였다. 통일 관련 요소를 추출하기 위해 2015년 1월부터 10월까지 10개월 동안, 3사(조선일보, 중앙일보, 한겨레신문)가 발행했던 기사 중에서 '통일'이란 키워드로 관련 기사를 검색하였고, 이 중에서 기사 내용을 파악하여 통일과 직접적으로 관련성이 있는 기사를 재선별하였다. 최종적으로 도출한 키워드는 기사 헤드라인에 언급된 단어로 일괄 정리하였고, 한 언론사에서 관련 기사가 몇 건이나 발행되었는지의 양적인 평가는 통일에 대한 각 언론사의 출판 성향을 알아보려고 한 조사가 아니었기에, 불필요하다고 생각되어 생략하였다.

- 조사 대상 : 조선일보, 중앙일보, 한겨레신문 홈페이지에 등록된 기사
- 기사 검색 기간 : 2015. 01. 01 ~ 2015. 10. 01 (10개월)
- 기사 검색 키워드 : 통일
- 조사 결과 : 각 언론사별로 평균 25개의 통일 관련 키워드 도출

2) STEPPER

언론사(조선일보, 중앙일보, 한겨레신문)별로 도출된 통일 관련 키워드를 STEPPER의 구분 기준을 적용하여 Society, Technology, Environment, Population, Politics, Economics, Resources의 7가지 카테고리로 분류하였다. 조선일보에서는 28개의 키워드가 도출되었으며, 한겨레신문에서는 21개의 키워드, 중앙일보에서는 27개의 키워드가 도출되었다.

정리한 키워드를 살펴보니, 언론 3사에서는 통일과 관련 있는 사회·정치 분야에서 다양한 통일 이슈들을 언급하였다. 3사(조선일보, 중앙일보, 한겨레신문) 기사를 통해 정리된 키워드 중에서 3사에서 모두 언급된 키워드를 1

순위로, 2사에서 언급된 키워드를 2순위로 정하였고 14개의 관련 요소를 최종 도출하였다. 1순위로 언급된 키워드들을 살펴보면, '통일열차/미사일/DMZ/이산가족/개성공단/중한미외교/비료' 이렇게 7가지이고, 2순위로 언급된 키워드는 '교육/핵실험/가뭄/탈북자/통일비용/흡수통일/금강산' 7가지가 도출되었다.

전체 키워드를 STEPPER 카테고리로 구분하다 보니, 이슈를 많이 가지고 있는 카테고리와 그렇지 못한 카테고리 간에 1순위와 2순위 중요도에 대한 비중에 차이가 있다는 것을 발견하였고, 좀 더 전문성에 기반한 가중치 반영이 필요하다는 의견이 있어 다음 핵심동인 결정 단계에서 이러한 점을 보완하였다.

표 2 STEPPER를 이용한 키워드 분류

	Society	Technology	Environment	Population	Economy	Politics	Resources
조선일보	역사인식	남한기술력		이산가족	토일비용	흡수통일	비로
	통일축구	미사일		탈북자	통일나눔 금융	북한붕괴	금강산
	교육	로켓				국제협력	농축산
	문화교류	과학교류				통일헌법	
	국토개발	핵				대북지원	
	고속철도					노동단체	
	인프라건설					북한인권	
한겨례	통일축구 대회	로켓		이산가족	북한붕괴론	중미외료	통일쌀
	민간교류	미사일			국가채무 비율	북도발	
	통일열차	핵실험			개성공단	통일헌법 연구소	
	금강산관광					안보	
	대북방송					국제평화	
						FTA	
						대북특사	

	Society	Technology	Environment	Population	Economy	Politics	Resources
						특별좌담	
중앙일보	교육	과학기술	DMZ	탈북자	통일기금	정상회담	금강산
	개성 만월대 공동조사	미사일	가뭄	이산가족	나선경제 무역지대	흡수통일	식량
	남북협력	잠수함			개성공단	한중일외교	비료
	통일열차	핵			유라시아 경제지도	귀순	
	경원선					안보	
	다문화					유엔	

표 3 관련 요소(키워드) 선정

	Society	Technology	Environment	Population	Economy	Politics	Resources
1st	통일열차	미사일	DMZ	이산가족	개성공단	중한미외교	비료
2st	교육	핵실험	가뭄	탈북자	통일비용	흡수통일	금강산
3st	민간교류				북한붕괴론	통일헌법	

3. 핵심동인 결정

이전 단계에서 관련 요소 선정을 위해 언론을 통해 우리가 접했던 통일 이슈들을 먼저 살펴보고, 많이 발행된 이슈(요소)에 중요도를 부과하여 STEPPER 카테고리를 기준으로 다양한 분야에서 고르게 소수의 요소를 선정하였다면, 통일이란 전략목표를 달성하기 위한 핵심동인으로 선정되기 위해서는 문제/목표에 근원하는 높은 관계성을 가져야 한다고 판단하였다. 따라서 통일과 관련해서 직간접적인 업무를 담당하는 전문가들의 생각을 반영하여 핵심동인 선정을 위한 가중치를 부여하고자 했다.

통일부 홈페이지에 언급된 공공기관(5개처), 연구기관(19개처), 대학(27명), NGO(31개처), 기타(5개처)의 전문가 혹은 대표 메일을 통해 설문조사를 하였다. 설문 문항은 총 1개로 설문 응대자의 편의 및 회신율을 높이고자 하였다. 설문조사 기간은 5일로 정하였고, 설문조사에 대한 안내와 설문 리마인드를 위해 종료 하루 전에 메일을 재발송하였다. 설문의 구체적인 내용은 1단계에서 선정한 관련 요소(14가지) 중에서 본인이 통일이라는 과제를 달성하기 위해 중요하다고 생각하는 요소 5가지를 선정해달라고 요청했다.

회신율은 기대보다 다소 저조하였지만, 전문가로부터 100%의 회신을 받았던 요소도 있고, 전반적으로 70% 이상의 회신을 받았다면 핵심동인을 결정하는 데 가중치를 부여해도 되는 수준이라고 판단하였다. 따라서 최종적으로 결정된 핵심동인은 100%의 회신율을 기록한 '경제지역 활성화'가 되었다.

표 4	전문가 설문조사 항목

통일 대한민국 전문가 설문
13가지 요인 중 5가지 중요 요인을 선정해 주세요.

- ☐ 인프라 건설(예 : 통일 열차)
- ☐ 통일 교육(예 : 토일 역사)
- ☐ 기술 관리 및 대응(예 : 미사일, 핵실험)
- ☐ 지역 방어 및 관리(예 : DMZ)
- ☐ 환경 요인(예 : 가뭄)
- ☐ 남북 교류(예 : 이산 가족)
- ☐ 인적 자원(예 : 탈북자)
- ☐ 경제 지역 활성화(예 : 개성 공단)
- ☐ 통일 비용(예 : 통일 기금)
- ☐ 국제 외료(예 : 중한미외료)
- ☐ 통일 방법(예 : 흡수 통일)
- ☐ 자원 지원(예 : 바료)
- ☐ 자원 활용(예 : 금강산)

미래를 보는 7개의 시선

1) 전문가 설문조사

- 설문조사 기간 : 2015. 10. 30 ~ 2015. 11. 03
- 설문조사 대상 : 통일부(www.unikorea.go.kr) 관련 사이트에 언급된 공공기관(5개처), 연구기관(19개처), 대학(27명), NGO(31개처), 기타(5개처)의 전문가 및 대표자
- 설문조사 방법 : STEPPER를 통해 도출된 14개 관련 요소 중 관련성이 높은 미사일과 핵실험 키워드를 합쳐 하나의 키워드를 구성하였고, 총 13개의 키워드 중 통일 목표 달성을 위해 중요 요인으로 생각되는 키워드(5개) 선정을 요청하였다.
- 설문 결과 : 응답자의 100% 선택 항목은 '경제지역 활성화'였고, 차순위로 응답자의 약 71.4%이 선택한 항목은 '인프라 건설, 남북교류, 국제외교'이다.

표 5 전문가 설문조사 결과

키워드	항목	응답
인프라건설	인프라 건설(예:통일 열차)	5 71.4%
통일교육	통일 교육(예:통일 역사)	4 57.1%
기술관리	기술 관리 및 대응(예:미사일, 핵실험)	0 0%
지역방어	지역 방어 및 관리(예:DMZ)	0 0%
환경요인	환경 요인(예:가뭄)	0 0%
남북교류	남북 교류(예:이산 가족)	5 71.4%
인적자원	인적 자원(예:탈북자)	2 28.6%
경제지역	경제 지역 활성화(예:개성 공단)	7 100%
통일비용	통일 비용(예:통일 기금)	2 28.6%
국제교류	국제 외교(예:중한미외교)	5 71.4%
통일방법	통일 방법(예:흡수 통일)	3 42.9%
자원지원	자원 지원(예:비료)	2 28.6%
자원활용	자원 활용(예:금강산)	0 0%

경제지역활성화(100%)
인프라건설(71.4%)
남북교류(71.4%)
국제외료(71.4%)

지금까지 통일 여론을 형성하는 트렌드를 살펴보았고 이를 기반으로 핵심동인을 도출했다면, 다른 측면에서 정부의 통일 정책을 살펴볼 수 있겠다. 트렌드는 그 시대에 형성된 흐름이자 기류라고 할 수 있으며, 다양한 영향 요인에 의해서 중심이 될 수도 있고, 세력이 약해질 수도 있는 가변성이 높은 소프트(soft) 동인이라고 할 수 있다. 반면, 정부의 정책은 체계화되고 조직화된 틀로 구성되며 확보된 예산 범위 안에서 적극적으로 추진되는 경향이 있고, 일단 사업 실행이 결정되면 일정 기간 동안은 안정적인 하드(hard) 동인이다. 이처럼 두 가지 동인의 성격은 다르지만, 서로 관계성이 높고 영향을 미친다는 점에서 정부의 통일 정책을 분석해보고자 한다.

통일부는 2014년 11월부터 2015년 3월까지 총 28개의 관계중앙행정기관과 함께 제2차 남북관계발전기본계획 2015년도 시행계획 수립에 참여하였고, 남북관계발전위원회 민간위원 및 관계 전문가 등을 대상으로 의견을 수렴하는 한편, 관계부처와 협의를 진행하여 2015년 4월 9일 '남북관계발전위원회'를 개최하여 2015년도 남북관계발전 시행계획(안)을 심의하였고, 심의 결과를 반영하여 통일부 장관이 최종 확정하였다. 이로써 10대 중점 추진과제 및 세부과제를 도출하였고, 단위사업별로 사업을 진행하고 있다.

따라서 10대 중점 추진과제를 STEPPER의 7가지 카테고리로 구분하고 각 세부과제와 단위사업을 곱하여 각 추진과제의 비중을 부여하였다. 2015년도 정부 정책은 10대 중점 추진과제가 있으며, 28개의 세부과제와 85개의 단위사업이 있다. 전체 비중 중에서 약 42.5%를 차지하고 있는 요소는 '남북교류'로 정부의 통일 정책을 통한 핵심동인으로 '남북교류'를 선정하게 되었다.

2) 정부의 통일 정책 분석

- 제2차 남북관계발전 기본계획 2015년도 시행계획에 언급된 정부의 10

대 중점 추진과제를 살펴보았다.

- STEPPER 카테고리 기준에 따라 10대 중점 추진과제를 7가지 카테고리에 따라 분류하였다. 각각의 추진과제의 카테고리를 분류하였다.

- 10대 중점 추진과제의 세부과제와 단위사업을 곱하여 각 추진과제의 비중을 계산하였다.

과제 비중 = 세부과제 X 단위사업

- 10대 중점 추진과제 중에서 과제 비중이 높은 '남북교류'를 정부 정책 측면에서 작용하는 핵심동인으로 선정하였다.

표 6 제2차 남북관계발전 기본계획 2015년도 시행계획 구분 및 분석 결과

10대 중점 추진과제	세부과제	단위사업	과제비중	Category
① 당국간 대화 추진 및 합의 이행 제도화	2개	5개	10	남북교류
② 인도적 문제의 실질적 해결 추구	3개	9개	27	인적지원
③ 호혜적 교류협력의 확대·심화	5개	18개	90	남북교류
④ 개성공단의 발전적 정성화	2개	5개	10	경제지역활성화
⑤ 북핵문제 해결 등 한반도의 지속 가능한 평화 추구	3개	10개	30	기술관리
⑥ 통일정책에 대한 국민적 합의 추진	2개	5개	10	통일교육
⑦ 북한이탈주민 맞춤형 정착지원	4개	1개	56	인적지원
⑧ 국민통합에 기여하는 통일교육	2개	7개	14	통일교육
⑨ 평화통일을 위한 역량 강화	3개	6개	18	남북교류
⑩ 토일외교를 통한 국제적 통일공감대 확산	2개	6개	12	국제외교
합계	28개	85개		

남북교류(118)

인적지원(83)

기술관리(30)

통일교육(24)

국제외교(12)

경제지역활성화(10)

3) 결정

언론사의 키워드 검색과 STEPPER 카테고리로 구분한 13개의 관련 요소 중에서 통일 전문가들의 설문조사 결과 가중치를 반영하여 최종 선정된 '경제지역 활성화'와 제2차 남북관계발전 기본계획 2015년도 시행계획 10대 중점 추진과제를 STEPPER 카테고리를 구분하고, 과제 비중을 도출하여 정부 통일 정책 측면에서 최종 선정된 '남북교류'를 미래예측을 위한 두 가지 최종 핵심동인으로 결정하였다.

미래를 보는 7개의 시선

Ⅲ. 미래예측 수행(3차원 미래예측법)

미래를 예측하기 위해 우리가 선택한 다음 단계는 3차원 미래예측법이다. 3차원 미래예측법의 첫 번째 단계는 관심영역에 대한 정의를 내리는 것으로, 관심영역에 대한 정의를 내린다는 것은 우리가 미래를 예측하고자 하는 목적과 깊은 관계가 있으며, 관심영역에 대한 정의가 분명해야 미래전략을 수립하는 데 적합한 전략이 구성될 수 있다.

두 번째 단계는 대표적으로 시간, 공간, 분야의 3가지 축으로 관련영역을 설정하는 단계이다. 관련영역은 문제 해결 및 목표 달성을 위해서 핵심동인(driving force)이 적용되는 단계라고 볼 수 있다. 세 번째 단계는 데이터 수집이다. 데이터 수집은 과거(1990년대), 현재(2015년), 미래(2030년)의 독립변수(외부에서 주어지는 변수로 임의로 조정할 수 없는 시간과 공간 영역의 요소)를 기반으로 각 시대에서 현재 핵심동인으로 선정된 관련영역과의 관계를 살펴보고자 한다.

현재를 기준으로 목표 달성을 위한 핵심동인으로 파악하였지만, 과거에는 중요하게 생각하지 않았던 동인으로 평가되었을 수도 있으며, 미래에는 더 이상 의미 없는 요인이 될 수 있다는 가정을 하고 객관적인 데이터와 상황을 파악하기 위해 노력하였다. 수집된 데이터를 기반으로 환경을 설정하는 단계가 자료 분석과 거의 동시에 발생할 것으로 예상되며, 최종 단계로 미래를 예측하게 될 것이다.

1. 관심영역 정의

관심영역은 '2030년, 통일 대한민국이 가능할 것인가?'에 대해서 정의를 내리고자 한다. 현재 시점으로 약 15년 후의 국가의 미래 도습 중에서 정치, 사회, 경제, 문화 등 다양한 측면에서 영향을 미칠 수 있는 이슈라고 생각하였기에 미래학과 미래예측 과정의 조별 프로젝트에서 '통일'을 관심 영역으로 정의하였다.

2. 관련영역 정의

관련영역으로는 3가지 축(시간, 공간, 분야)이 다양한 측면을 모두 반영하고 있는 기준이라고 판단하여, 축 구성 및 전개 방법을 그대로 적용하려고 한다.

그림 1 3차원 미래예측 구성도

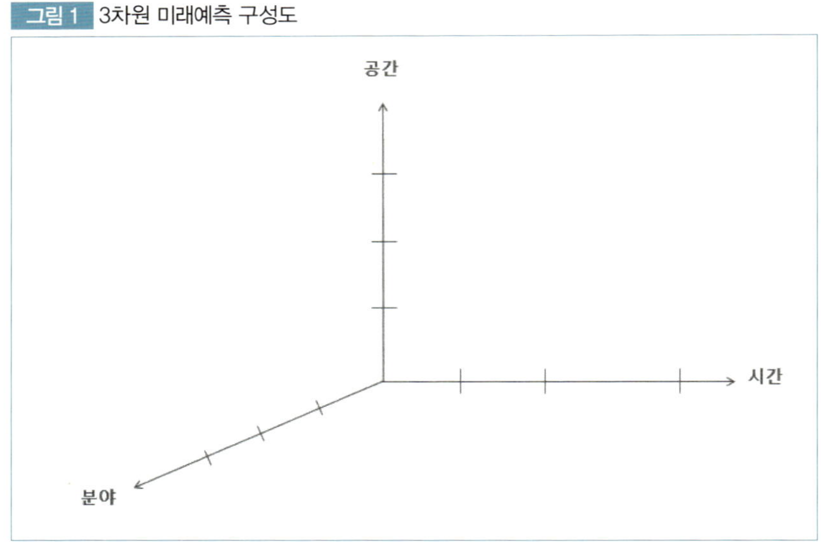

– 시간 영역 : 과거(1990년), 현재(2015년), 미래(2030년)로 3가지 경우를 설정하였다. 남북 통일이라는 이슈가 워낙 정치 및 사회적인 영향을 많이 받는 관심영역이기 때문에 과거를 통해 현재 상태를 야기한 동인을

찾는다는 것이 어려울 것으로 파악된다. 하지만 한반도가 공식적으로 분단에 처한 시점인 1948년으로부터 약 67년이 지난 시점으로 분단이 장기화되고 있기 때문에 현재를 기점으로 약 15년 전과 15년 후의 상황을 비교하는 것은 의미가 있을 것으로 판단된다.

– 공간 영역 : 공간 영역은 '통일'이라는 관심영역에 대해 직접적 혹은 간접적으로 업무를 진행하고 있거나 관련이 있는 기관 및 단체를 중심으로 정부, 기업, 민간으로 구분하였다. 따라서 축에서 확장성 또는 영향력의 정도 등으로 표현하는 '공간'이란 용어에 관심영역(통일)에 대한 '주체'의 구분이라는 부가적인 의미를 부여하였다.

– 분야 영역 : 분야 영역은 앞서 핵심동인으로 도출하였던 '경제지역 활성화'와 '남북교류'를 기반으로 구분하였다. 먼저 '경제지역 활성화'의 의미는 특별 지역 활성화를 통해 남한과 북한의 강점인 인적 및 물적 자원으로 경제적인 이익 및 긍정적인 영향을 공유하자는 것이다. 이러한 의미를 기반으로 도출할 수 있는 주요 요인 2가지는 '투자'와 '지역 활성화'이다.

다른 핵심동인인 '남북교류'는 앞선 '경제지역 활성화'에 일부 의미가 포함되어 있는 경제적 교류의 의미를 제외한 그 밖의 교류(문화교류, 민간지원교류 등)를 포함하여 총체적인 수준을 파악하고 세부적으로 공간(주체)별, 시간별로 분석하여 미래를 예측하고자 한다.

01 15년 뒤 남북관계 미래예측

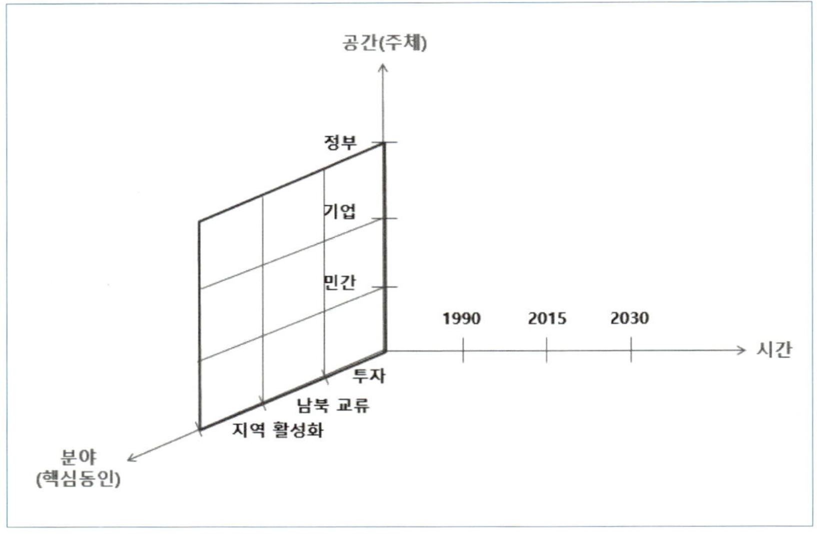

– 독립변수 : 외부에서 주어지는 변수로 임의 조정이 불가능한 변수를 시간과 공간 영역에서 찾아보았다. 실질성장률, 1인당 GDP, ^(남한/북한) 인구 수 및 인구 성장률 등은 지속적인 변화를 파악할 수 있고, 다소 예측 가능한 독립변수로 '통일'에 급격하게 변화를 줄 것으로 예상되지 않는 변수들이다. 반면, 북한 인터넷 보급률, 재해, 세대교체 등은 다소 제한된 기간 안에 발생할 수 있는 독립변수들이지만, 파급효과는 중간 수준 이상으로 국가 문화를 형성하거나 경제적 상황 및 수준 형성에 영향을 미쳐서 급격한 변화를 초래할 수도 있다고 예상되는 변수로 파악하였다.

3. 데이터 수집

1990년 전후의 남북교류 상황을 살펴보면, 1980년대 후반에 들어서면서 동유럽 사회주의권이 붕괴되고 냉전체제가 해체되는 국제적 격변 상황 속에서 정부는 남북관계를 불신과 대결구조에서 신뢰와 협력구조로 바꾸기 위해 근본적인 정책전환을 모색하게 되었고, 1988년 7월 7일 「민족자존과 통일번영을 위한 특별선언」을 발표하였다. 후속조치로 1988년 10월 남북한 간 교역을 허용하는 「대북경제개방조치」를 취하고, 1989년 6월 12일 「남북교류협력에 관한 기본지침」을 준비하여, 1990년 8월에는 「남북교류협력에 관한법률(교류협력법)」, 「남북협력기금법」 등 관련 법령이 제정됨으로써 우리 법의 테두리 안에서 남북교류협력이 안정적으로 이루어질 수 있도록 하는 제도적 기반을 마련하였다. 이후 1993년 3월 북한의 핵확산금지조약(NPT) 탈퇴로 남북 경협이 일시 중단되기도 하였으나, 큰 틀에서 남북경협은 지속해서 유지되었다.

그러나 2010년 3월 26일 북한에 의한 천안함 폭침에 따라 정부는 '5.24 조치'를 발표하고, 북한의 책임 있는 조치가 있을 때까지 남북교류협력을 원칙적으로 보류·중단하기로 하였으며, 다만, 사안의 특수성을 고려하여 개성공단 사업 및 순수 인도적 지원 사업은 지속하기로 하였다. 이후 정부는 이 조치를 흔들림 없이 지키면서 적용상의 유연성을 발휘하여 비정치적 교류를 승인하는 등 남북 간 대화여건을 조성하려고 노력하는 한편, '5.24 조치' 장기화로 어려움을 겪고 있는 우리 기업에 대해 자금을 저리로 대출하는 등 지원을 지속하고 있다. 남북 간 인적 왕래는 1989년 1명에서 '13년 7만6천 명으로, 남북교역은 1989년 1천900만 달러에서 '13년 11억3천6백만 달러로 증가하였다. 또한 1995년 이후 이루어진 인도적 지원은 2013년 말까지 총 30억282만 달러에 달하였으며, 2014년도에는 국내 민간단체의 자체 재원을 통해 영양식·의약품·농자재 등 54억 원 상당의 지원물자를 반출하였다.

남북 간 경제교류는 「7·7 선언」 이후 1988년 ㈜대우가 홍콩 중개상을 통해 북한의 도자기 519점에 대한 정부의 반입 승인을 받으면서 시작되었다. 이후 남북 경제교류는 일반교역, 위탁가공교역, 직접투자 순으로 발전해 왔다. 남북교역 시작 당시에는 단순 상품 교역만 이루어졌으나, 이후 우리 측이 원부자재와 설비를 제공하고, 북측에서 가공하여 완제품을 들여오는 위탁가공 교역이 모색되었다. 위탁가공 교역은 남북의 필요와 장점을 살린 초보적인 형태의 경제협력사업이라 할 수 있으며, 이는 본격적인 경제협력사업이라 할 수 있는 대북 직접투자로 이어졌다. 첫 대북투자는 1993년 ㈜대우가 남포공단에서 셔츠, 가방, 재킷 등을 생산하는 대북협력사업을 승인받으면서 이루어졌다. 그 후 2013년까지 총 100개 협력사업이 승인되었으나, 북한측 요인과 업체 사정으로 7개 사업이 취소되어 현재 승인된 사업은 총 93개(금강산관광 포함, 개성공단 제외)이다. 민간기업들의 대북 직접투자는 개성, 평양·남포, 고성(금강산) 등 다양한 지역에서 추진되었으나, 대부분 직접투자는 개성공단, 금강산과 같은 특구지역에서 이루어졌다.

위에서 언급한 데이터를 과거와 현재로 정리해보면, 1990년은 정부의 협력정책 및 법률 제정 등으로 안정적인 대북관계 형성을 위한 기반이 마련되었던 시기로 정부의 지역 활성화, 남북교류, 투자 영역에서 모두 호황이었다. 반면, 민간(개인)에서는 대북과 관련된 영역에서 자유롭지 못했으며, 활동을 위한 기반 인프라도 구축되어있지 않았다. 기업은 정부의 개방정책에 기조를 함께하여 특구지역을 중심으로 지역 활성화를 위해 주체적으로 활동하였으나, 남북교류 및 투자에 대해서 적극적으로 진행하지는 못하고 있었다.

정부는 2010년 천안함 폭침 사건을 계기로 2015년에도 개성공단 사업과 순수 인도적 지원사업을 제외하고는 남북교류 협력을 원칙적으로 보류·중단하기로 하여 지역 활성화와 남북교류 영역은 유지하는 수준이고, 투자 영역에서는 불황이라고 볼 수 있다. 또한 기업들은 이러한 정부의 대북정

미래를 보는 7개의 시선

책에 직간접적으로 영향을 받기도 하지만, 대내외 경제 상황의 어려움을 반영하여 지역 활성화, 남북교류, 투자의 모든 영역에서 유지하는 모습만 보이고 있다. 그러나 민간에서는 남북교역 및 남북 간 인적 왕래에서 활발한 성과를 내는 등, 남북교류 영역에서 호황을 맞이한 것으로 파악하였다.

그림 3 과거 및 현재 데이터 수집

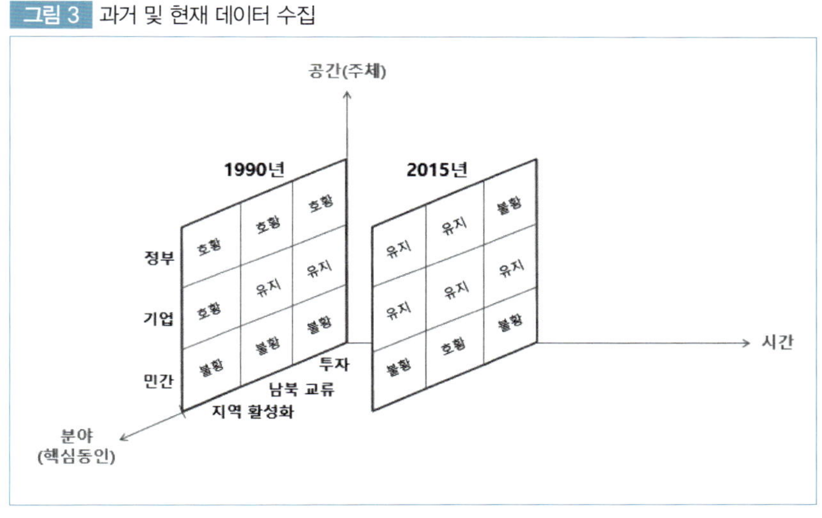

　시간, 공간 영역 요소로의 독립변수를 제외하고 외부에서 주어지는 변수로 우리가 임의로 수정할 수 없는 객관적인 데이터 성격을 가지는 독립변수로는 실질성장률, GDP, 인구 수, 인구성장률을 살펴보았다. 또한, 정확하게 언제 발생할지는 모르지만 사회에 비교적 큰 영향을 미칠 것으로 파악한 이벤트로 북한의 인터넷 보급, 북한산 폭발 등의 재해발생, 기존세대와는 다른 정치·경제적 가치관을 갖고 있는 세대로의 교체 등의 이슈를 도출하였다.

표 7 독립변수 설정

독립변수＼년도	1990	2015	2020	...
실질성장률 (%)	4.6	3.1	3.0	
GDP($)	12,000	28,000	37,000	
인구 수(명)	47,008	50,617	51,435	
인구성장률(%)	0.84	0.38	0.28	
이벤트		인터넷 보급	재해발생	세대교체

4. 미래환경 설정

전 단계에서 조사한 독립변수(실질성장률, GDP, 인구 수, 인구성장률) 자료를 기반으로 15년 후인 2030년의 독립변수 수준을 예측하였다. 또한, 통일 미래사회에 중요한 영향을 미칠 것으로 생각되는 이벤트(인터넷 보급, 재해발생, 세대교체)를 세부적으로 조사하여, 다음 단계인 미래예측을 위한 기반 요인으로 고려하고자 한다.

표 8 독립변수의 예측

독립변수＼년도	1990	2015	2020	...	2030
실질성장률 (%)	4.6	3.1	3.0		1.8
GDP($)	12,000	28,000	37,000		47,000
인구 수(명)	47,008	50,617	51,435		52,160
인구성장률(%)	0.84	0.38	0.28		0.01
이벤트			인터넷 보급	재해발생	세대교체

1) 실질성장률

실질성장률은 국가와 기업의 재정 상태를 나타내는 중요한 지표로 실질 국민 총생산에서 산출한 경제성장률 또는 물가 변동에 의한 영향을 수정한 실질적인 국민의 소득을 의미한다. 따라서 각 국가의 실질성장률은 통일 세대들의 미래 생활 수준을 예측해 볼 수 있는 중요한 지표로 고려할 수 있다. 실질성장률은 2000년 이후로 지속해서 감소가 예상되며 2014년 한국개발연구원의 예측 자료에 따르면, 2030년에는 약 1.8%까지 떨어질 것이라고 한다. 따라서 실질성장률의 장기적이고, 지속적인 감소는 각 영역(핵심동인)에서 정부와 기업의 투자를 유지하거나 감소하는 방향으로 예측된다.

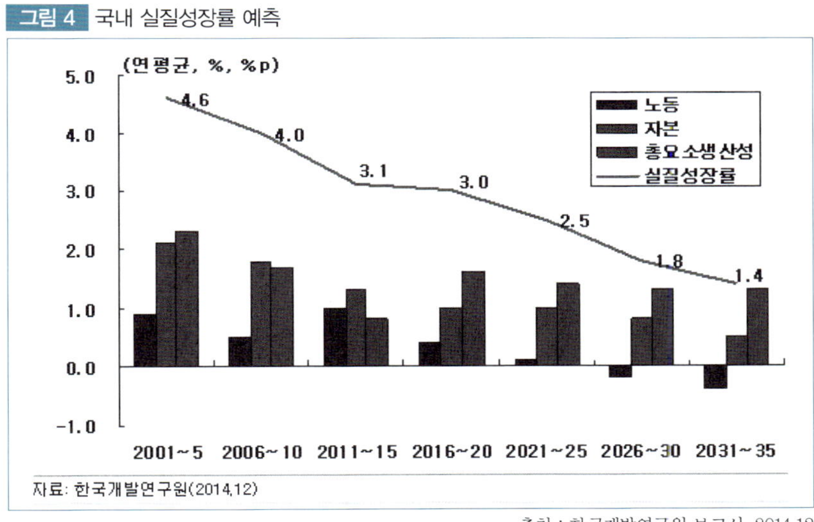

그림 4 국내 실질성장률 예측

출처 : 한국개발연구원 보고서, 2014.12

2) 1인당 국내총생산

1인당 국내총생산(Gross Domestic Product)은 한 나라에서 한 해 동안 생산된 모든 최종 재화와 서비스의 가치를 그 해의 평균 인구로 나눈 값으로 개인(민간)의 재정 상태를 나타내는 지표가 될 수 있다. 과거와 현재의 1인당 국내총생산에 기초하여 미래 수준을 예측하였다. 1인당 GDP는 세계 경제 대공황이 발생한 2009년 즈음 하락한 것을 제외하면, 지속적으로 성장하는 추세로 1990년부터 2015년까지의 지표를 반영하여 계산하면 2030년 1인당 GDP는 약 47,000달러 수준으로 파악되었다. 이 예측처럼 1인당 GDP가 증가한다면 민간의 경제력과 삶의 수준이 향상되어 남북 통일에 있어 개인(민간)이 점점 더 중요한 역할을 담당할 수 있을 것으로 판단된다.

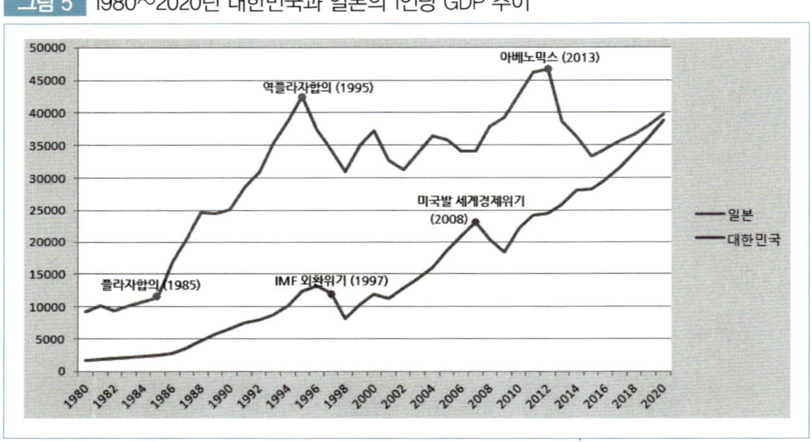

출처 : IMF World Economic Outlook Database, April, 2015

3) 인구 수와 인구성장률

인구 수는 남한의 인구를 기준으로 측정된 수치이며, 인구성장률은 자연적 증가(출생−사망) 인구와 사회적 증가(타지역으로부터 유입−타지역으로 유출) 인구를 모두 고려한 증감 인구를 매년 7월 1일 현재 시점의 인구로 나눈 수치를 말한다. 1970년 이후 감소되기 시작한 인구 성장률은 최근 저출산 기조로 인하여 현재는 과거 대비 더욱 낮아진 인구성장률을 기록하고 있는 실정이다. 2030년 정도가 되면 인구성장률이 −(마이너스)를 기록하게 될 것이라 예측되며 이러한 낮은 인구증가율은 경제 전반에 악영향을 끼쳐

미래를 보는 7개의 시선

잠재 성장률을 하락시키는 결과를 가져 올 것이라 판단하였다. 결국 이러한 부정적인 경제적 영향은 남한의 북한에 대한 투자 및 남북교류, 지역활성화에 대해서도 악영향을 미치게 될 것이다.

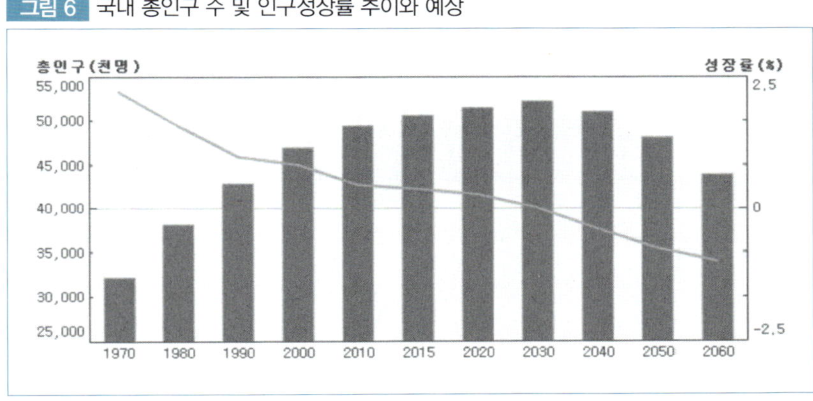

출처 : 통계청, 장래인구 추계 자료, 2015

아울러 [그림 7]과 같이 북한 인구성장률 또한 하락하는 것으로 예상되고 있다. 이와 같은 인구성장률 감소의 대표적인 원인은 식량부족이라고 할 수 있는데 결국 이러한 인구성장률의 둔화는 북한 체제 자체에 부정적인 영향을 미치게 될 것이며, 미래 통일 관련 사업에도 악영향을 미칠 수 있겠다.

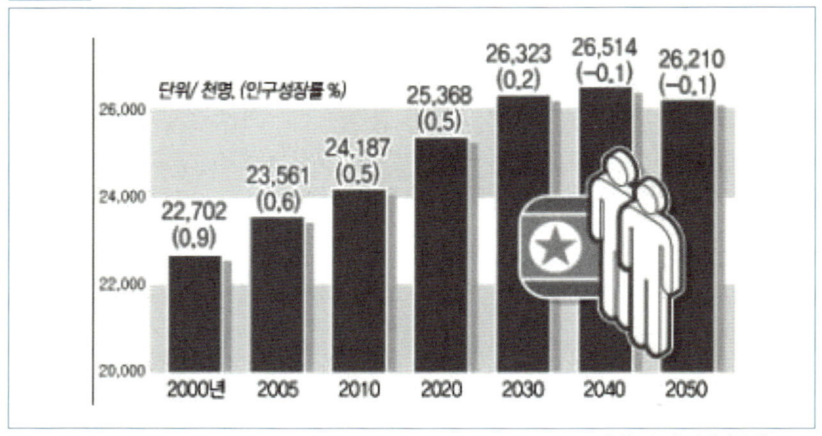

출처 : 농촌경제연구원, 2014

4) 이벤트

a) 북한의 인터넷 보급

세계은행이 2015년 4월 19일 공개한 '2015년 세계발전지표'를 살펴보면, 북한의 인터넷 보급률은 현재 0%로 세계 평균은 약 42% 수준이고, 동아시아 평균은 약 37%라고 조사 결과를 밝혔다. 북한보다 소득 수준이 낮은 세계 최빈국의 평균 인터넷 접속률도 약 4.8% 수준으로 세계은행이 집계한 약 200여국 중 개인 인터넷 접속을 완전히 통제하는 나라는 북한뿐이었다.

그러나 북한의 향후 인터넷 보급에 대해서는 긍정적인 움직임이 있다. 2013년 5월 북한 당국은 자국의 이동통신서비스 가입자가 200만 명을 넘어섰다고 발표했으며, 실제 한류(韓流) 콘텐츠도 스마트폰을 비롯한 최신 휴대기기를 통해 북한사회에서 빠르게 확산되는 것으로 알려졌다. 특히 국제전기통신연합(ITU)이 발표한 통계와 외신 보도 등을 종합할 때 현재 북한의 유·무선 통신 보급률은 100명당 8명 수준인 것으로 파악하고 있다.

북한에 휴대전화 서비스가 본격화된 시점은 2010년경으로 중국산 저가 휴대전화가 본격적으로 확산되면서 평양을 넘어 지방까지 이동통신이 보급되기 시작하였다. 북한 통신사 '고려링크'는 2008년 이집트 통신기업 오라스콤과 합작으로 세워졌고, 오라스콤의 2012년 투자보고서에서는 '주요 도시를 중심으로 북한의 약 14% 지역에 기지국을 세웠고 전체 인구의 약 94%가 고려링크 서비스가 가능한 지역에 거주한다'고 밝혔다. 따라서 정확한 데이터가 공개되지는 않았지만, 북한 내에 인터넷을 포함한 통신 보급률을 점차 높일 수 있는 기반 인프라를 이미 상당 규모 구축한 것으로 파악된다.

인터넷을 포함한 통신 보급은 현재 대도시 및 특정 계층에 서비스가 한정되어 있고, 인터넷이 불가능하므로 이동통신 확산이 단기간에 북한의 정치적 변화로까지 연결되기는 어렵다는 것이 전문가들의 입장이다. 하지만 북·중 접경지대에서 중국과 북한의 휴대전화를 동시에 사용해 주민들이 간접적으로 국제전화를 활용하는 사례가 많아지고 있으며 이런 방식으로 외부와의 소통이 증가하면 북한 주민의 삶의 질과 형태에도 결국은 큰 변화가 야기될 것이라고 내·외부 전문가들은 예상하고 있다.

b) 자연재해

1990년대 중·후반 북한은 경제 몰락과 자연재해 발생으로 수백만 명이 아사하는 '대기근 사태'를 경험하였다. 북한의 대기근은 비록 주민들의 대규모 아사를 초래했지만, 중국으로의 대량 탈북과 지역 간 이동을 촉발하고, 북한에 시장을 등장시킨 중요한 역할을 하였다. 또한 북한은 1995~2000년 사이에 홍수와 가뭄으로 극심한 경제적 어려움인 '고난의 행군'을 경험하면서 북한 당국은 '중국식 경제개혁정책'을 포기하고, 북한식 사회주의인 '자주적 사회주의노선'을 선택하여 체제유지를 시도하게 된다. 이처럼 자연재해 발생으로 인한 경제적인 피해는 북한 정책방향에 큰 영향을 주었다.

한국방재학회에 기재된 「북한의 자연재해 현황 및 특성」에 대한 논문을 살펴보면, 1980년부터 2008년까지 북한에서 경제적 피해를 크게 입힌 자연재해 10개 사례 중 6개 사례의 원인이 홍수였고 4개 사례가 태풍으로 인한 피해였으며, 이들 사례 모두 1990년대 이후에 발생하였다. 또한, 1980년부터 2008년까지 북한에서 큰 인명 피해를 초래한 자연재해도 정리하였는데 대부분의 피해는 홍수로 인하여 발생하였으며, 주로 7월과 8월인 여름철에 발생하였다. 따라서 북한의 기후적, 지형적인 영향으로 인해 발생할 수 있는 자연재해로는 홍수와 태풍이 주를 이루고 있다는 것을 파악하였다.

특히, 2010년 대폭발을 우려했던 백두산은 지금으로부터 약 1천 년 전인 930~940년 사이에 대폭발을 일으킨 것으로 추정되며, 지난 2002년부터 한 달에 최대 수백 차례의 화산성 지진이 감지되면서 추가 폭발 조짐을 보였다. 백두산의 지진 활동은 2006년 이후 잦아들었지만 중국과 북한을 비롯한 국제사회는 경각심을 갖고 대폭발 가능성을 지켜보고 있는 상황이다. 일본의 도호쿠대학 명예교수인 다니구치 히로미스는 일본 대지진의 영향으로 2032년까지 백두산 화산이 폭발할 확률이 99%에 이른다고 주장하고 있다.

핵실험이 자연재해에도 영향을 미칠 수 있다고 한다. 일부 국내 정치인과 학자들 사이에서는 북한이 핵실험을 연이어 강행할 경우 백두산 화산 활동을 앞당길 수 있다고 주장하고 있다. 핵실험으로 리히터 5 안팎의 지진을 일으킬 수 있다는 것이다. 연세대학교 지구시스템과학과 홍태경 교수가 국회에 자문한 내용에 따르면 백두산 아래로 흐르는 4개의 마그마 층은 함경북도 방향으로 넓게 분포돼 있고, 북한이 1, 2차 핵실험을 실시한

미래를 보는 7개의 시선

곳은 백두산 동쪽인 함북 길주군 풍계리 일대로 이곳에 지표면으로부터 땅을 약 2km를 판 후 핵실험을 실시하였다. 핵실험 장소 아라에는 백두산과 연결된 마그마 층이 1층 마그마(지하 10km 지점)와 2층 마그마(지하 20km 지점)로 이뤄져 있기에 백두산과 연결된 마그마 층과 핵실험 장소 간 거리는 실질적으로 8km 내외였다는 것이다. 따라서 핵실험이 마그마 층을 자극했을 가능성이 매우 높다는 분석이다.

c) 세대교체

현재 북한의 20~30대는 장마당 세대 또는 사이 세대라 불린다. 장마당 세대는 시장과 국가에 대한 양가적인 요소를 가지고 있다. 자본주의적이면서 개인주의적 성향을 가지고 있으며, 물질적 소유에 만족감을 느끼는 세대로 타인의 성공에 질투하기도 하며, 이념보다는 생계가 중요한 세대적 특성을 갖고 있다. 특히, 외국 미디어 시청으로 정부에 대해 비판적인 시각을 갖게 되었고, 사회·경제적 필요에 의해 자본주의 시스템을 습득하게 되어 개인의 경제적인 자유를 찾고 싶어한다. 정치적으로는 권위적이고 민족주의적 시스템을 유지하려는 성향이 있지만, 부모세대에 비해 체제에 대한 충성도가 낮아서 경제보다도 상대적으로 정치에 관심이 덜한 경향이 있다.

장마당 세대의 성장 배경을 살펴보면, 장마당 세대가 출생하여 유년기를 보냈던 시기인 1990년대 중반은 '고난의 행군' 이후 극도의 식량난을 경험하면서 국가 배급체계가 무너진 상황이었으며, 청년기 시대에는 2009년 화폐개혁을 보내고 주민들의 축적된 재산이 줄어들면서 중산층이 붕괴하는 시대적 이슈가 있었다. 이렇게 지속해서 경제적인 어려움이 가중되면서 배급제가 중단되고, 스스로 물자를 조달하기 위해 주민들 간의 거래가 시작되었다. 이렇게 형성된 비공식 시장이 장마당인 것이다.

북한 정부는 사실상 장마당을 인정하고 있으며, 경제활동으로 인한 세금을 걷고 있을 정도로 공식화된 것으로 파악하였다. 김정은 집권 이후 시장 통제가 없었기 때문에 2010년에 약 200여 개였던 장마당 시장은 2015년에 약 400여 개로 2배 이상 증가할 수 있었다.

5. 미래예측

미래예측은 3차원 미래예측 구성도의 관련영역 각각을 분석하는 방법을 토대로 미래의 거시적인 예측으로 확대해 나가는 방법을 적용하였다. 설정해 놓은 미래환경의 독립변수(실질성장률, GDP, 인구수, 인구성장률 및 기타 이벤트 요소)가 미래의 관련영역을 예측하는 주요 변수로 적용할 것이다. [그림 8]은 미래예측의 결과에 해당하는 도표이며 각각의 관련영역에 대하여 주체별로 독립변수들이[표 9] 어떠한 영향을 미치게 되는지에 대하여 예측하도록 하겠다.

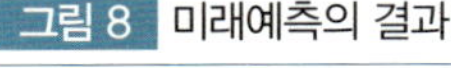

그림 8 미래예측의 결과

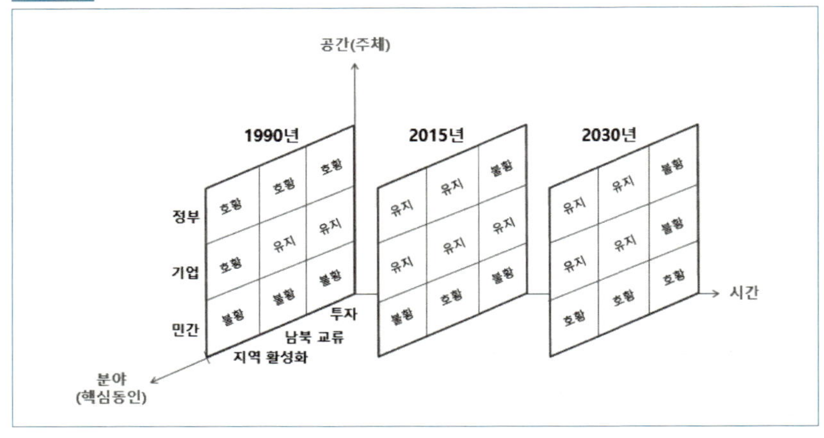

| 표 9 | 미래예측에 사용된 독립변수 |

독립변수 \ 년도	1990	2015	2020	...	2030
실질성장률 (%)	4.6	3.1	3.0		1.8
GDP($)	12,000	28,000	37,000		47,000
인구 수(명)	47,008	50,617	51,435		52,160
인구성장률(%)	0.84	0.38	0.28		0.01
이벤트			인터넷 보급	재해발생	세대교체

1) 정부 분야

과거의 데이터를 기반으로 분석한 결과 정부의 지역활성화 및 남북교류 측면은 유지될 것이라는 미래예측이 도출된다. 경제가 급성장했던 1900년대 후반과 경제성장률이 저하되고 있는 현 시점에서도 해당 항목 관련해서는 지속적으로 정책 편성이 이루어지고 있다. 특히, 천안함 사건 이후에도 개성공단과 남북교류(순수 인도적 차원)에 지속해서 정책을 유지하여 정부의 통일 정책이 미래에도 지속될 것이라는 점을 알 수 있다. 다만 실질성장률의 둔화 및 인구성장률의 감소로 인한 경제발전의 악호로 정부의 투자부분은 현 시점보다 축소될 것이라 판단하였다.

2) 기업 분야

기업 분야에서는 우선 현 '5.24 조치'와 같은 남북관계 억제 정책이 향후 10년 이상 변화가 없다고 가정했을 때 기업의 사업 환경은 실질적으로 활성화되기가 쉽지 않을 것이다. 게다가 실질성장률의 독립변스 악화로 인하여 정부 예산에 많은 문제가 생기게 될 것이며, 기존에 정부의 지원을 받아 사업을 유지하던 경협기업들 또한 유지가 쉽지 않을 것이다. 따라서 미래에 기업의 대북 관련 사업은 유지 혹은 약화될 가능성이 높다고 판단했다. 세부적으로 보았을 때, 개성공단 산업과 남북교류 측면에서 기업이 정부의 정책을 따라갈 것이기 때문에 현 상황에서 유지된다고 판단했으며, 투자 부분에서는 현 남북한의 체제가 혁신적으로 바뀌지 않는 한 악화될 수밖에 없다고 결론을 내렸다.

3) 민간 분야

민간 분야는 정부 및 기업 분야와는 다르게 많은 독립변수의 영향을 받는다고 생각하였다. 우선 GDP 4만 달러 시대의 도래로 국민들의 경제 수준이 전체적으로 상향될 것이다. 아울러 북한의 인터넷 보급으로 북한의 정보를 쉽게 공유할 수 있게 될 것이며, 민간 대북투자 부문 관련 온라인 투자 인프라 또한 구축될 것이다. 이런 민간측의 충분한 자본과 투자 인프라 시설의 지원으로 북한에 민간 직접적 투자가 활성화될 것이다. 아울러 인터넷을 수단으로 한 호혜적 교류협력, 문화 공유와 같은 남북 교류의 활성화가 민간 부문에서부터 확대될 수 있는 기회가 많이 창출될 것이다. 이러한 민간의 힘은 경제지역 활성화에도 긍정적인 영향을 미치게 될 것이다.

Ⅳ. 미래예측 결과 및 전략

1. 희망미래 설계

남북 통일을 위해서는 통일의 주체인 정부, 기업, 민간 각각이 통일의 핵심동인인 투자, 남북교류, 지역활성화 분야에서 유지 이상의 수준(즉, 유지 또는 호황)을 달성해야 한다. 미래예측 결과, 대부분의 결과가 유지 또는 호황 상태를 이루었으나 정부 및 기업의 투자 부분은 불황 상태로 나타났다. 남북 통일을 위한 희망미래는 정부 및 기업의 투자 부분이 호황 상태일 때 가능할 것으로 예측된다.

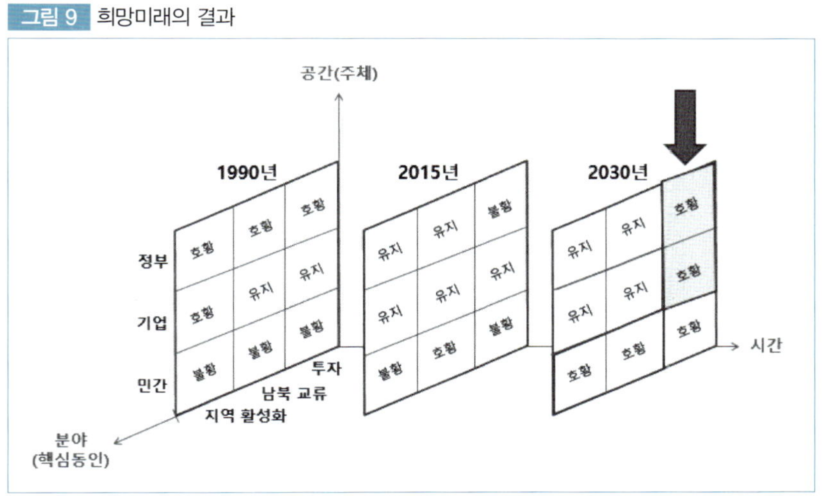

그림 9 희망미래의 결과

2. 미래전략 형성

1) 경제 활성화

2030년, 실질성장률 둔화로 재정적으로 어려운 정부와 기업이 북한에

적극적으로 투자하도록 유도하기 위해서는 남한 및 북한의 경제를 활성화
시켜야 한다. 경제 활성화를 위해서는 정부, 기업, 민간의 유기적이고 체계
적인 협조가 필요할 것이다.

2030년 실질성장률이 둔화되어 정부는 재정적으로 어려움을 겪을 것이
고, 이로 인해 북한에 대한 투자도 어려울 것으로 예상된다. 정부는 기업
또는 민간의 북한 투자를 유도하기 위해 정책적인 측면의 노력이 필요할
것이다. 예를 들어 정부는 기업과 민간이 북한 내에서 사업 및 투자를 할
수 있도록 북한 정부와 북한 내에서의 안전을 보장하는 협의를 진행하거
나, 북한 내에서 이루어지는 사업과 투자로 발생하는 수익에 대한 세금을
감면 또는 삭감해주는 정책을 펼칠 수 있을 것이다. 정부는 기업과 민간의
투자 및 경제 활동을 적극 지원하고, 기업과 민간으로 인해 생기는 투자
기회를 적절히 활용함으로써, 경제를 활성화시키는 데 일조할 수 있다.

기업은 실질성장률 감소로 재정적인 어려움이 있지만, 2030년경 발생
할 가능성이 높은 재해(자연재해 또는 인공재해)를 기회로 삼아 이익을 창출
할 수 있을 것이다. 즉, 자연재해(예를 들어, 화산 폭발) 또는 인공재해(핵 폭발)
로 인해 황폐화된 북한지역을 재건하는 사업 등을 펼칠 수 있을 것으로 생
각된다. 또한, 기업들이 경제 문제에 관심이 많은 장마당 세대를 대상으로
경제 관련 교육 프로그램을 지속적으로 운영한다면, 북한 내에서 진행하
는 사업의 현지화에도 상당한 도움이 될 수 있을 것이다.

민간은 증가한 1인당 GDP와 높아진 북한의 인터넷 보급률을 바탕으로
북한에 민간 자원을 투자할 수 있을 것이다. 예를 들어 핀테크와 같이 인
터넷을 활용한 사업으로 북한에 대한 경제적 활동을 활성화할 수 있다.
특히, 2030년에는 현재의 장마당 세대가 북한사회를 이끄는 주축이 되므
로 인터넷을 적극 활용해 민간 경제 활동이 많은 효과를 볼 수 있을 것으
로 예상된다. 또한, GDP 성장으로 적극적인 투자가 가능한 민간의 경제

활동을 통해 새로운 투자 시장이 창출된다면 정부와 기업의 투자를 이끌어낼 수도 있다.

2) 재해 관리

2030년까지 발생할 가능성이 높은 자연재해 및 인공재해는 북한지역을 황폐화시킬 수 있고, 이러한 피해지역의 재건은 새로운 경제적 기회로 이어질 수 있다. 그러나 재해의 발생은 인명 피해 및 자연 파괴가 수반되므로 지속적인 관리가 필요하다.

자연재해(백두산 화산 폭발) : 백두산 공동 연구팀을 구성하여 백두산 화산 폭발 대비전략을 수립한다. 예를 들어, 화산 발생 시기 및 피해지역을 예상하여 일정 기간 동안 피해 예상 지역의 주민들을 타지역으로 대피시키거나, 피해 예상 지역 내의 자연물(식물 및 동물)을 타지역으로 이동시키는 방안을 생각해볼 수 있다.

인공재해(핵 폭발) : 북한이 핵 실험을 지속하는 한 핵 폭발의 위험성은 언제나 존재하고 있다. 현재도 세계 곳곳에서 북한의 핵 실험 포기를 촉구하고 있으나, 효과는 미비한 듯 보인다. 인터넷 보급률 증가를 이용하여 지속적으로 핵 실험의 위험성에 대해 설명하고 경고하여 북한 내 민간 여론을 형성한다.

3. 미래전망

결론적으로 현재의 15년 뒤인 2030년의 남북관계의 모습은 지금보다는 더욱 개선될 것으로 예측된다. 무엇보다 미래에 가장 큰 영향을 미치는 독립변수는 인터넷 및 세대교체이며, 이로 인하여 남북 민간관계에서 괄목할 만한 개선이 이루어질 것으로 보인다. 아울러 GDP 4만 달러 달성이라는 요소는 이러한 남북 민간관계 변화에 있어서 많은 추진력을 가지고 올 것이다.

이와는 반대로 실질성장률의 정체 및 인구 수의 감소로 전체적인 나라 발전의 정체가 예상되는 가운데 정부의 예산 및 기업의 활발한 대북정책이 가능할지에 대해서는 아직 미지수이다. 아울러 현 몇 년간 기업 및 정부의 남북관계를 막아온 '5.24 조치' 및 '금강산 피살사건'과 같은 관계회복 장애요소들이 해결되지 않고 있다는 것 또한 부정적인 요인으로 비친다. 하지만 20세기 말부터 현재까지 일괄적으로 유지해온 통일 의지를 담은 정부의 정책들을 살펴보면 경제적 배경과는 상관없이 미래에도 통일 정책을 이어나갈 것이라 예측되며, 이와 관련된 대북사업 기업들에게도 지원을 중단하지는 않을 것으로 여겨진다. 결국 남북관계에 있어서 우려되는 사항은 정부 및 기업의 자금 부족으로 인한 대북정책 축소인데 이는 민간자본의 투자유치를 통하여 해결할 수 있다고 판단한다.

이외에도 백두산 폭발과 같은 자연재해가 발생할 가능성이 많은 북한의 자연환경은 남한에게는 기회가 될 수도 있는 요소이다. 북한 측에서 핵 실험을 통하여 화산 폭발의 가능성이 극대화된다는 사실을 인지하여 핵 실험을 자발적으로 자제할 가능성도 있으며, 또한 북한의 재해 발생 시 대한민국이 북한을 도와 관계개선을 이룰 수 있는 기회가 될 수도 있다. 동시에 새로운 인프라 건설 수요가 생성됨으로써 양국 간의 발전 또한 꾀할 수 있게 되는 것이다.

결국 시간이 지나면 지날수록 남북관계는 더욱 긴밀해질 것이라 생각되며 머지않아 통일의 가능성이 현시점보다 커진다고 예측할 수 있다.

Ⅴ. 결론

　금번 미래학과 미래예측 프로젝트에서 주제를 '15년 후 남북관계의 미래예측'으로 정하고, 관련요소 추출을 위하여 주요 언론사의 한정된 기간 (2015. 01. 01 ～ 2015. 10. 01)의 기사들을 검색하여 남북 통일에 대한 키워드를 선정(텍스트 마이닝)하고 이를 STEPPER 카테고리를 통해 구분하였다.

　핵심동인 선정을 위하여 STEPPER의 각 카테고리에서 선정된 키워드를 토대로 전문가 설문조사를 하는 동시에 남북관계발전 기본계획 2015년도 시행계획에 언급된 정부의 10대 중점 추진과제를 분석하였으며 이를 통해 '경제지역 활성화'와 '남북교류'를 미래예측을 위한 두 가지 최종 핵심동인으로 결정하였다. 미래예측을 위해 사용된 3차원 미래예측법에서는 투자, 남북교류, 지역활성화 분야에서 통일의 주체가 되는 정부, 기업, 민간의 활동 정도를 불황, 유지, 호황으로 나누어 예측해 보았다.

　2030년 실질성장률의 둔화 및 인구성장률 감소로 인해 투자 분야에서 정부 및 기업의 활동이 위축(불황)될 것으로 예상하였으며, 이에 따라 투자 분야에서 정부 및 기업의 활동이 활성화(호황)되는 상황을 희망미래로 설정하였다. 희망미래의 달성을 위해서 정부 및 기업은 민간자본의 투자유치를 통해 경제적 어려움을 해결하는 방안을 세워야 하며, 북한에서 발생할 수 있는 재해를 또 다른 기회로 삼아 양국의 발전을 꾀해야 할 것이다.

　이번 프로젝트를 통해 남북관계의 미래를 예측해보고, 희망미래를 달성하기 위한 방안을 생각해 보았다. 수업 시간에 배웠듯이 모든 미래를 정확하게 예측하는 것은 쉽지 않았으며 특히 하나의 불규칙적인 이벤트로 남북관계의 미래가 크게 변하는 이번 프로젝트 케이스에서는 더욱 그러하였다. 이번 프로젝트에서는 2030년 남북관계가 현 시점보다 개선된 모습일 것으로 보여지지만, 미처 반영하지 못한 요소들(예를 들어, 주변국과의 관계)이

01 15년 뒤 남북관계 미래예측

남북 통일의 변수로 작용하는 경우 남북관계가 악화될 수도 있을 것이다. 따라서 보다 정확한 미래를 예측하기 위해서는 변화하는 요소들을 반영하여 지속적인 연구가 필요할 것으로 보인다. 또한, 한 시점에서의 미래를 예측하는 데 그치지 않고 변화해 나가는 매 시점에서의 미래예측을 수행해야 할 것이며 그에 대한 희망미래를 설계하고 달성하는 방안을 찾아서 실행하는 노력이 필요할 것이다.

미래를 보는 7개의 시선

참고문헌

- 박소연 등(2010), 「북한의 자연재해 현황 및 특성」, 한국방재학회논문집, 10(3), p.21~29

- 관계부처합동(2015), 「제2차 남북관계발전 기본계획 2015년도 시행계획」 p.1~49

- 성열용 등(2012), 「지식재산권 중심의 연구개발전략 도입 방안」, 산업연구원, p.1~69

- 이상대(2015), 「남북한 경제통합과 통일미래도시 건설, 이슈 & 진단」, No 184, p.1~24

- 국가안보전략연구원(2014), 「2014년도 정세 평가와 2015년도 전망」, p.1~24

- 성기영(2014), 「신동북아질서 시대의 중장기 통일전략」, 통일연구원, p.1~184

- 최진욱(2014), 「통일환경 및 남북한관계 전망 : 2014-2015」, 통일연구원, p.1~149

- 최진욱(2014), 「통일정책연구」, 통일연구원, 24(1), p.1~264

- 통일부 http://www.unikorea.go.kr/content.do?cmsid=1604 (2015.10.12)

- 아시아경제 http://m.asiae.co.kr/view.htm?no=2014080105474 126771#cb (2015.10.7)

- 조선일보 www.chosun.com (2015.10.21)

- 중앙일보 joongang.joins.com (2015.10.21)

- 한겨레신문 www.hani.co.kr (2015.10.21)

02

동북아시아의 미래

한중일 3국 간 EU와 같은 국가협력체 구성 가능성

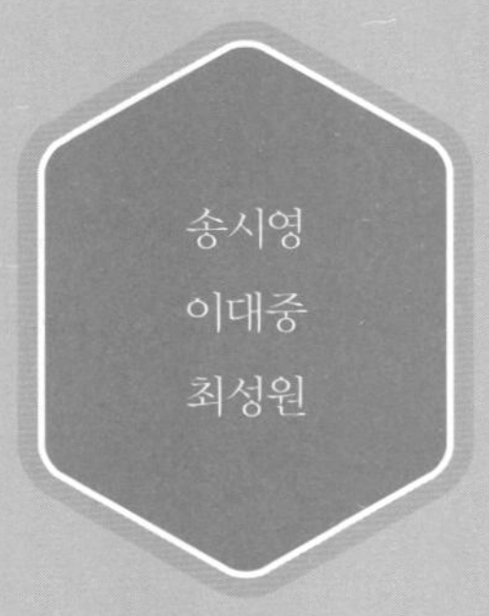

송시영

이대중

최성원

contents

Ⅰ. 개요

　무엇이 인간의 삶을 바꾸고 문명을 변화시키는 것일까? 한 개인이 모여 집단이 되고 집단이 모여 사회가 된다면 변화의 시작은 개인에서 찾을 수 있다. 그렇다면 인간을 움직이는 동인(driving forces)을 찾아야 그 답을 찾을 수 있을 것이다. 혹자는 인간은 경쟁적(competitive)인 품성을 지니고 있다고 한다. 인류문명사는 투쟁과 전쟁의 역사다. 보다 많은 것을 얻고 빼앗기 위한, 혹은 보다 덜 잃기 위한 투쟁의 역사이기도 하다. 한편, 인간은 협력적(cooperative)인 품성을 지니고 있다고도 한다. 자발적인 나눔과 기부, 국경을 넘어서 이루어지는 국제적인 원조와 지원 등은 경쟁적인 품성만으로는 설명하기 어려운 행동이다.

　그렇다면 개개인이 모인 민족과 국가는 어떠한가? 국가도 경쟁과 협력을 동시에 추구한다. 자국의 이익을 극대화하기 위한 경쟁을 지속하면서도, 협력과 공동번영을 위한 노력도 함께하고 있다.

　국가 간 협력의 대표적인 예가 바로 지역을 기반으로 하는 지역협의체이다. 어느 대륙을 보더라도 이웃 국가들과 교류와 협력을 증진하기 위해 모인 지역협의체를 찾아볼 수 있다. 유럽에는 28개 회원국이 모인 EU(유럽연합)라는 지역협의기구가 있다. 아프리카에는 53개국이 모인 AU(아프리카연합)가 2002년부터 활동하고 있다. 동남아시아에는 ASEAN(아세안), 중동에는 GCC로 불리는 걸프협력회의, 북유럽에는 북유럽협의회(Nordic Council) 등 지역마다 회원국들의 공동번영을 위한 협의체가 존재한다.

 지역별 주요 협의기구

	이름	역사	회원국	핵심가치
EU	European Union (유럽연합)	1993.11	28	Unity in Diversity
ASEAN	Association of Southeast Asian ations (아세안)	1967.8	11	One Vision, One Identity, One Community
AU	African Union (아프리카연합)	2002.7	53	promote cooperation among the independent nations of Africa
GCC	Gulf Cooperation Council (걸프협력회의)	1981.5	6	political and economic union
Norden	Nordic Council(북유럽협의회)	1952	8	geo—political inter—parliamentary forum

출처 : 해당 기구 홈페이지, 위키피디아

2010년 기준 아시아의 경제력은 북미와 유럽을 넘어 전 세계 경제의 32%를 차지하고 있다. 앞으로 10년 후인 2025년에는 45%, 20년 이내에 전 세계 경제의 절반을 차지할 것으로 보인다. 특히 주목할 부분은 2015년 기준 한국, 중국, 일본+인도 4개국만으로도 이미 전 세계 경제의 25%를 차지하고 있다는 것이다. 이러한 상황을 반영하듯 1960년대 출범한 ASEAN을 비롯한 동아시아 지역 간 협력은 급속도로 발전하고 있다.

 지역별 세계 경제 기여도

Year	North America	EU	ASIA		Others
			ALL	CJK+India	
1970	35.0	24.2	15.3	11.2	25.5
1980	27.4	30.2	20.9	13.8	21.5
1990	29.7	31.6	24.7	18.4	13.9
2000	34.8	24.9	28.4	21.4	11.8
2010	26.8	25.6	31.7	22.2	16.0
2025(E)	20.3	17.3	45.0	36.8	17.4
2050(E)	11.9	11.9	55.6	48.3	20.5

출처 : 현대경제연구소 자료, 2014

 글로벌 GDP의 비율 전망

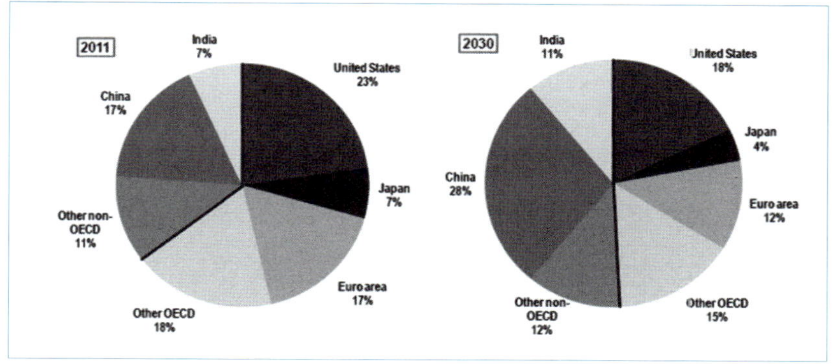

출처 : OECD (2012). "Looking to 2060", OECD Economics Department Policy Notes, No. 15.

 한중 교역량 추이

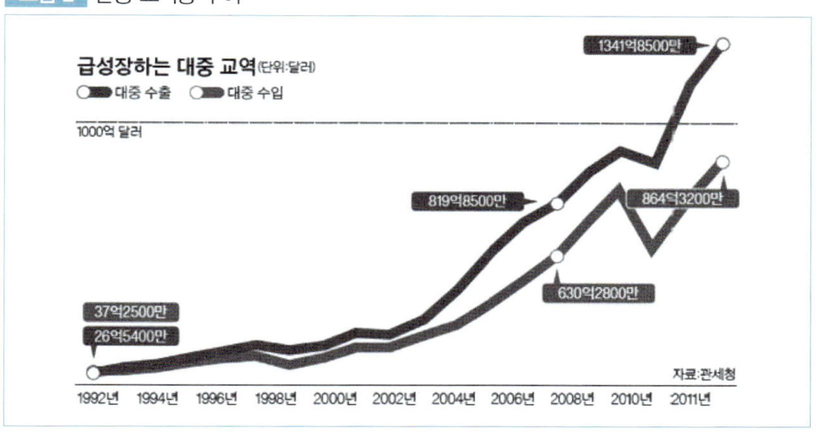

그렇다면 이러한 협력적·동반적 행동과 움직임을 한국, 중국, 일본이라는 핵심경제국이 포함된 동북아시아에서도 찾을 수 있을까? 그 답은 아직은 미지수다. 2011년 서울에 한국, 중국, 일본 외교부가 참여한 국제기구 한중일협력사무국(Trilateral Cooperation Secretariat)이 설립되었다. 한중일 정부 관료들이 full-time으로 파견되어 3국 협력을 위해 설립한 최초의 국제기구다.

각 정부의 노력에도 불구하고 3국 간에는 여러 장벽이 존재한다. 과거 일본의 식민지였던 한국과 중국은 일본 정치인들의 행적과 발언 하나하나에 신경을 곤두세우고 있다. 지금도 매주 수요일마다 일본대사관 앞에서 종군위안부로 큰 피해를 본 할머니들의 집회가 계속되고 있다. 최근 들어서는 한일, 중일 간 영토분쟁, 일본의 역사 교과서 수정작업 등으로 갈등 요인이 증대되고 있다.

[그림 3]의 지도는 동아시아 지역을 나타내고 있다. 한중일 3국은 지리적, 역사적, 문화적, 경제적으로 매우 밀접한 관계를 맺고 있다. 그렇기에 한중일 3국의 보다 발전적이고 건설적인 미래를 위해서는 3국의 협력과 공동체의식이 요구된다. 본 보고서는 동북아시아의 미래(동북아판 EU의 가능성)에 대한 가능성을 가늠해 보고 이에 따른 미래전략을 세우고자 한다. 아직은 이러한 시도와 움직임이 실현 가능성이 낮고 먼 미래의 일로 보이지만, 2030~40년 동북아시아가 세계의 정치, 경제, 문화의 중심지역으로 발전하기 위해서는 긴밀한 협력과 공동체정신은 필수일 것이다.

그림 3 동아시아 지도

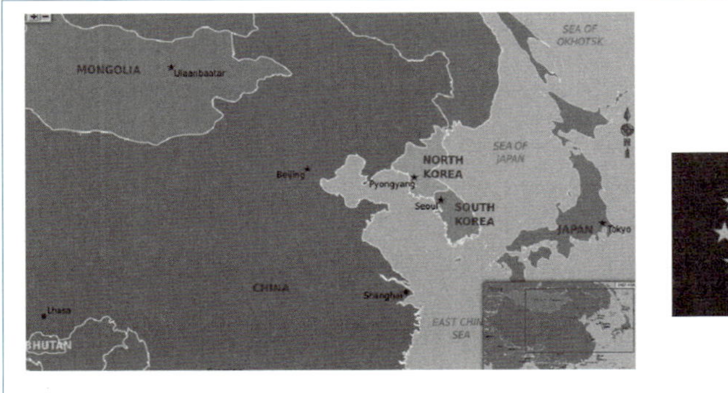

미래를 보는 7개의 시선

Ⅱ. 미래예측

 밤에 찍은 한반도 위성사진

위의 한반도 인공위성 사진에서 무엇이 느껴지는가?

북한은 남한보다 덜 발전되었다, 북한은 밤하늘에서 내려다보면 존재하지 않는다, 한국과 중국의 발전이 놀랍다… 모두 옳은 지적이다. 그러나 동북아시아 공동체 구성의 측면에서 보면 새로운 것을 찾을 수 있다. 그것은 바로 한국이 외딴 '섬'으로 보인다는 것이다. 이 사진만 본다면 한국은 섬이다.

우리는 지금까지 한국이 반도국가라고 배웠고 그렇게 알고 있지만, 1945년 이후 지난 70년간 그 누구도 육로를 통해 중국을 가지 못했다. 모두 배나 비행기를 타고 오가야 했다. 한중일 협력이 강화되고 동북아시아가 진정한 세계의 주축이 되기 위해서는 한국의 이런 고립과 분단 상태가 어떻게든 해결되어야 할 것이다.

<전제조건>

　본 보고서는 동북아시아의 미래를 조망하고, 동북아 통합체제 구축의 가능성을 타진하는 데 그 목적이 있다. 하지만 국제관계의 역학관계에 따른 모든 변수를 고려하기에는 보고서의 분량 및 시간의 한계가 있으므로 다음과 같이 몇 가지 가정을 통해 단순화하기로 한다.

1. 한중일 3국의 정세에 집중한다.
2. 미국, 러시아 등 외부 세력은 제거한다.
3. 북한은 각각 시나리오에 유리한 방향으로 변화한다고 가정한다.
4. 몽골 등 역내 기타 국가는 3국 정세에 영향을 주지 않는다고 가정한다.

　위와 같은 전제조건을 통해 도출된 결론은 당연히 가장 단순화된 모습이며, 용도 및 필요에 따라 위의 조건을 포함하여 미래를 재구성할 수 있다.

1. 문제정의

표 1 설문조사 결과

분야	내용
1. 목적	동북아지역 평화와 공동번영의 미래 구상
2. 사용자 및 용도	– 한중일 3국 외교, 정치, 결제 전문가 – 동북아시아 평화로운 미래환경 조성
3. 자원(기간 및 예산)	2015. 3월 ～ 5월
4. 예측대상 시간범위	2035년(향후 20년후)
5. 프로젝트 참여자	송시영, 이대중, 최성원
6. 이해 관계자	한, 중, 일 3국, 미국, 러시아, 아세안, 북한
7. 데이터, 정보통합 방법	한중일 외교부, ADB, World Bank
9. 소통(사용자, 이해관계자)	STEPPER, Emerging Lssues, Wild cards, 문헌조사, 전문가, Timed SWOT, 게임이론
10. 결과물(실행, 유지보수)	KAIST 미래전략 보고서 등 활용

본 연구의 제목은 「동북아시아의 미래 : 한중일 3국을 중심으로 한 동북아시아판 EU 설립의 가능성」으로 정하였다. 연구의 목적은 '동북아지역 평화와 공동번영을 위한 바람직한 미래를 구상하고 이를 위한 전략 마련'으로 설정하였다. 본 연구의 주된 사용자는 한중일 3국과 지역국가, 나아가 미국, 러시아 등 관련 국가들의 외교, 정치, 경제전문가 및 학생들을 대상으로 하였고, 사용용도는 어떻게 하면 평화와 공동번영의 미래환경을 조성할 것인가를 고려하였다.

미래예측 범위는 향후 20년 후인 2035년으로 설정했다. 언제로 정할 것인가를 두고 많은 토론과 고민이 있었으나 정치상황과 국제관계를 예측한다는 작업의 어려움을 고려하여, 남북한이 평화통일을 이루는 희망미래를 위해서는 약 20년이 필요할 것이고 예상하였다. 관련 자료는 한국 외교부, 외교연구원, 언론기관, 학계, 한중일사무국 등을 통해 입수하여 연구하였다.

지금까지 습득한 예측방법인 STEPPER, 이머징 이슈(emerging issue) 분석, 와일드카드, 문헌조사, 브레인스토밍 등의 기법을 활용하였고, 결과 통합 방법으로는 3차원 미래예측법, 4가지 대안적인 미래분석(4 alternative futures) 등을 이용하였다.

2. 관련 요소 추출

1) 브레인스토밍

본 과제의 주제선정 및 문제정의 단계에서부터 참여 조원들의 공동작업을 통해 협업이 이루어졌다. 관련 요소 추출에 특히 많은 시간을 할애하였는데, STEPPER 도입 및 게임이론을 적용하는 부분에서 많은 토론과 브레인스토밍 작업이 요구되었다.

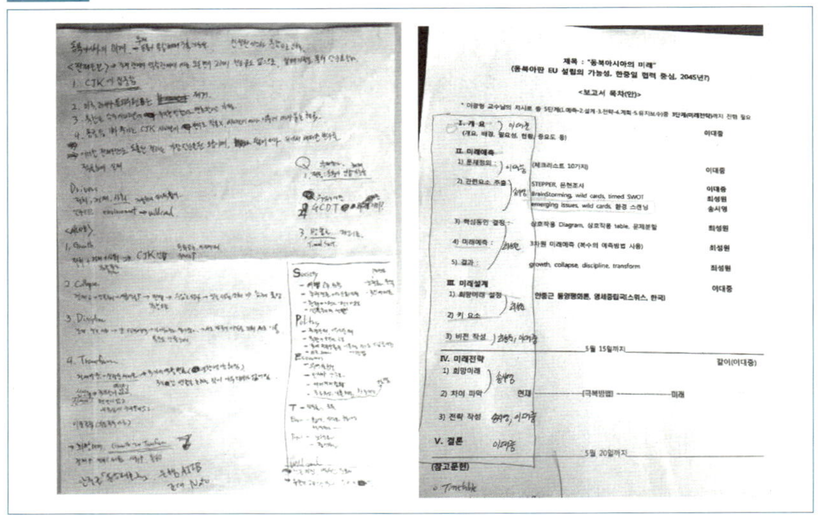

2) STEPPER

STEPPER 분석을 통해 한중일 3국의 공동체형성에 영향을 미치는 요소들을 추출해 보았다. 분석 결과, 사회요소에서는 한중일 3국이 비교적 가까운 거리에 있다는 점과 언어·문화 등의 유사성으로 인해 여행·유학 등을 통한 교류가 확대되고 있다는 점, 한중일 간 국제결혼이 서양권과의 국제결혼보다 비교적 거부감이 적으며 한류와 같은 문화현상으로 상대국에 대한 이해와 이질감이 줄어들고 있다는 점이 국가 간의 인식변화를 추동하고 있음을 알 수 있었다.

기술요소에서는 교통수단의 발달이 인접하고 있는 지리적 이점을 더욱 강화할 수 있으며, 실시간 통·번역시스템의 발전 등을 통해 언어장벽이 극복된다면 교류와 협력이 더욱 용이해질 것으로 판단하였다.

환경요소에서는 중국의 황사, 급속한 경제발전에 수반하는 각종 오염과 일본의 불안정한 지질학적 위치, 최근에 발생한 원전사고로 인한 오염 등

개별 국가 단계에서 해결하기 어려운 문제들이 존재한다는 점에서 국가 간 더욱 긴밀한 대응과 협력이 요구되는 상황으로 변모하고 있음을 발견할 수 있었다.

인구요소에서는 노령화 현상으로 인한 사회구조적 변화가 노동력 감소, 이민 증가 등을 야기하고 있어, 인접한 국가 간의 교류와 노동자, 이민자의 수용, 처우와 관련한 공통된 기준과 협력의 필요성을 증대시키고 있다고 판단하였다.

정치요소에서는 중국이 유일 패권국이었던 미국에 도전할 수 있을 만큼 성장하였고, 아시아에서 초강대국으로 자리매김하고 있던 일본 역시 그간의 경제침체로 주춤한 사이 중국의 패권 도전을 받고 있다는 점과 국내 정치의 우경화 등으로 과거의 영광을 되찾으려고 시도함으로써 국제사회, 특히 동북아시아에서 비판의 대상이 되고 있다는 점, 북한의 정치적 행보가 3국의 대응과 관계에 미치는 영향이 크다는 점 등을 3국 관계 변화의 주요한 요소로 판단하였다.

경제요소에서는 3국이 경제개발의 시기적 차이를 극복하고 비슷한 수준 또는 과거와 역전된 경제력을 보이지만, 여전히 각 국가의 경제력, 개별 노동자의 임금수준과 처우의 차이가 노동자의 교류를 일으키는 원인으로 작용하고 있음을 알 수 있었다. 세계시장에서는 비교우위를 통한 3국의 경쟁이 심화되고, 국내적으로는 빈부격차로 인한 양극화가 사회적 문제로 대두함에 따라 외적성장과 내적안정의 갈등으로 3국의 경쟁 추구만으로는 해결되기 어려운 상황이 도래할 것으로 판단하였다.

자원요소에서는 국가별 매장자원의 차이, 자원추출과 개발에 대한 기술력 등의 차이가 자원의 확보와 거래에서 3국의 경쟁 또는 협력을 이끌어낼 수 있는 요소가 될 것으로 판단하였다.

분류	관련 요소 추출	비고
Society 사회	민간교류	여행, 유학 등
	국제결혼	
	한류	
	민족성	민족주의, 세계화
Technology 기술	자연어 번역	CJK 언어장벽 극복
	교통수단	반나절 생활권 실현
Environment 환경	환경오염	황사, 미세먼지
	자연재해	지진, 화산폭발 등
Population 인구	노령화	출산율 저하
	이민자 유입	
Politics 정치	지역 패권	중국부상, 일본견제
	국가갈등	국경, 역사문제
	국제외교 전략	외교의 정치협상 카드화
Economics 경제	글로벌 경제위기	
	빈부격차	양극화
	무역불균형	CJK 불균형 상태
	세계시장 경쟁	CJK 첨예한 경쟁 중
Resource 자원	자원확보 경쟁	

이상의 **STEPPER** 검토 결과, 특히 사회, 정치, 경제의 변화가 동북아시아에서 한중일 3국의 공동체형성을 이끌어내는 주요한 요소로 작용할 것이라고 판단하였다. 이는 국가 간의 이해관계와 상관없이 민간차원에서 발생하는 각국에 대한 인식 및 이해 확대가 중요한 요소이며, 수많은 협력 이유가 있음에도 몇 가지의 갈등이 협력을 저해하는 요소로 작용할 것으로 판단하였기 때문이다.

3) 문헌조사

동북아 관계나 지역통합에 대한 연구는 정부, 학계, 연구기관, 민간기업 등의 다양한 출처를 가진 수많은 자료가 존재하고 있다. 이 중 「동북아 평화협력구상, 2015, 외교부」, 「한반도 통일과 동북아 4국의 입장 및 역할, 2011년, 통일연구원」, 「동북아 정치체계의 변화와 전망, 2006년, 한양대학교 아태지역연구센터」, 「평화와 번영의 동북아시대 구상, 2005년, 대통령자문 동북아시대위원회」 등을 참고하였다.

일반 도서로는 EU 통합 사례를 참고하기 위해 손기화의 『유럽 통합의 역사와 미래』, 독일 통일에서 남북 평화통일의 희망 및 교훈을 얻기 위해 필립 젤리코, 콘돌리자 라이스의 『독일 통일과 유럽의 변환』, 국제관계의 전체 시야를 조망하기 위해 브레진스키의 『거대한 체스판』을 참고하였다.

4) 와일드카드

와일드카드는 지진, 화산폭발, 질병 등의 자연적 부분과 북한의 붕괴, 남북통일, 중국 소수민족의 독립, 핵전쟁, 핵폭발 등 인적 부분으로 선별하였다.

자연적 부분은 일본의 지질학적 위치가 지진, 화산폭발의 위험이 상존하는 곳이고, 한반도의 화산활동이 재기할 가능성이 있다는 일부의 관측이 있다는 점, 과거의 사스, 조류독감, 최근 중동호흡기증후군(메르스) 등과 같이 예기치 못한 질병이 창궐 가능성이 있다는 점에서 와일드카드로 고려할 수 있다. 유사시에 구호, 국가재건을 위한 협력이 필요한 상황이 발생할 경우, 3국이 협력하는 계기가 되거나 협력체 구상을 위해 국력을 기울일 수 없는 상황을 맞이할 수 있기 때문이다.

인적 부분은 북한이 국내적으로는 불안정한 정치·경제적 상황에 처해있으면서 국제적으로는 고립을 면치 못하고 있는 상황에서, 핵무기 개발을 난관의 돌파구로 삼고 있으므로 핵무기의 사용에 이르거나 스스로 붕괴하는 상황을 와일드카드로 상정할 수 있다. 핵무기 사용으로 초래될 동북아시아의 혼란 또는 붕괴로 인해 발생하는 국제사회에서의 북한의 지위문제가 동북아시아의 협력과 갈등을 유발하는 요인으로 작용할 수 있다.

또한, 중국 전체로 보면 적은 비율을 차지하고 있지만, 국가유지를 위해 그 정체성을 인정했던 소수민족의 분열상태도 인적 부분의 와일드카드로 고려해 볼 수 있다. 신장위구르, 티베트, 내몽고 등 인적 비율에 비해 상당한 영토를 차지하고 있는 자치구 소수민족이 중국으로부터의 독립을 요구하며 분열될 경우, 중국이 협력체 구성을 통한 연방형태의 재결합을 시도할 가능성이 있으며, 정치적 탄압 또는 무력진압의 조치를 취할 수도 있다는 점에서 3국의 협의체 구성에 영향을 미치는 요인으로 작용할 수 있다.

5) 이머징 이슈

a) AIIB

최근 중국은 미국과 일본이 주도하는 세계은행, 아시아개발은행에 대항하고, 아시아·태평양지역 개발도상국의 인프라 구축에 상호협력하기 위한 은행인 AIIB를 설립하였다. 중국, 한국을 포함한 46개국이 가입국으로 등록하였으나 일본은 참여하지 않고 있다. 한국, 중국, 일본이 대화 상대국으로 참여하고 있는 동남아시아국가연합이 존재하고 있지만, 동남아시아 국가 간의 협력체라는 본질적 한계가 있어, 중국이 주도하는 AIIB 창립은 EU의 모태가 되었던 ECSC와 같이 동북아시아에서 한중일 간의 협의체를 구상할 수 있는 시발점으로 작용할 여지가 있다는 점이 이머징 이슈로 기대할 수 있는 부분이다.

다만, 미국과 유대를 공고히 하고 있으며 아시아 패권국으로서의 역사적 지위를 갖고 있는 일본이 미국에 대한 패권도전국으로 부상하고 있는 중국이 주도하는 경제협력체에 참여하는 것이 일본의 국내외의 정치적 이유로 쉽지 않을 것이라는 점이 한계로 작용하고 있다. 하지만 중국이 동북아시아에서 무시할 수 없는 정치·경제적 지위를 점하게 되었다는 점에서 AIIB는 일본이 명분을 찾아 실리를 추구하도록 만드는 충격요인이 될 수 있으므로, 향후 일본이 AIIB에 또는 그와 별개로 한중일 3국이 주도하는 협의체 구성을 제안하는 요인으로 작용할 수도 있을 것으로 판단한다.

b) 동북아시아 해저터널 설치

그림 6 동북아시아 해저터널 설치 구상

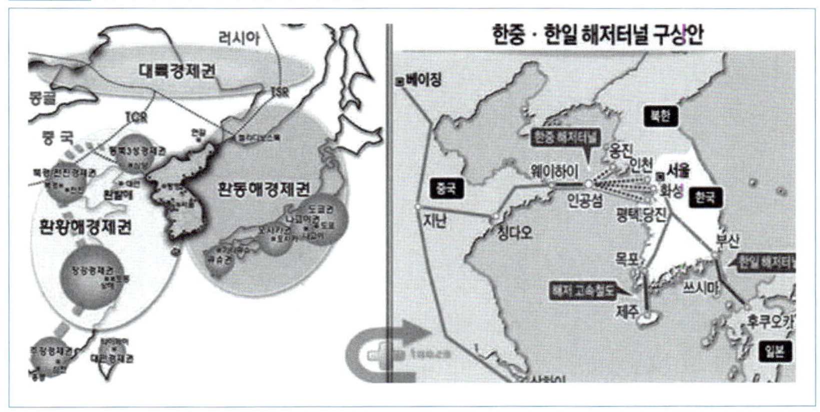

한중 해저터널, 한일 해저터널에 대한 구상은 오래전부터 이루어져 왔지만, 구상단계에서 머무르고 있어 이머징 이슈에 해당하는 것으로 판단하였다.

해저터널의 설치는 3국이 지리적 한계를 극복한다는 점 이외에도 긴밀한 유대를 가지고 있다는 상징적 의미로 작용하는 부분이 클 것이다. 인적·물적 교류뿐만 아니라, 심리적 거리감의 축소, 관광자원으로서의 상생 등을 기대할 수 있어 한중일 3국의 협의체 구성의 선후에 상관없이 해저터널과 같은 인프라의 구축은 3국 간의 유대와 협력의 발전을 이끌어내는 요소로 작용할 수 있을 것으로 판단한다.

c) 다문화 확산 및 국제결혼의 증대

2013년 현재 국내 거주 외국인 주민 수는 이미 144만 명을 넘어섰으며 계속 증가하는 추세이다. 이로 인해 다문화가정의 규모 또한 매년 빠른 속도로 증가하고 있으며, 2050년이 되면 다문화가정이 200만 가구 이상이 될 것으로 추정한다.

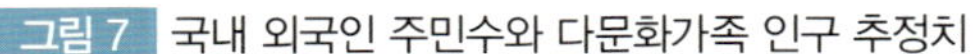

그림 7 국내 외국인 주민수와 다문화가족 인구 추정치

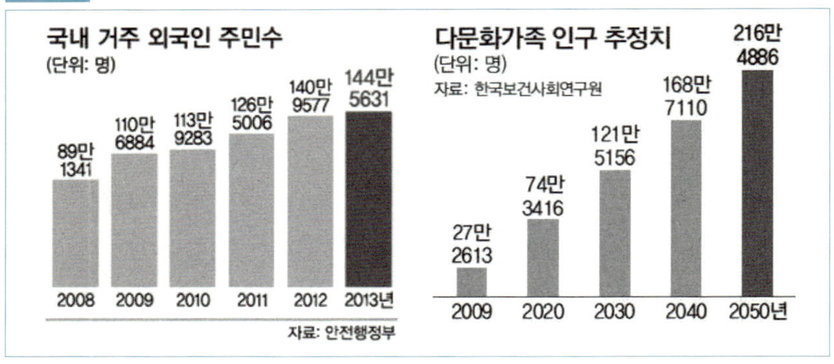

이제는 굳이 농촌 마을을 찾지 않더라도 주위에서 어렵지 않게 다문화가정을 찾아볼 수 있다. 통계청에서 제공하는 국제결혼 현황 지표를 보면 우리나라의 국제결혼 건수는 2005년을 정점으로 점차 감소하는 추세이다. 하지만 한국의 혼인율 자체가 감소하는 추세이기 때문에 단순 숫자로만 판단해서는 안 된다. [그림 8]에서 알 수 있듯이 국제결혼 비율은 2004년까지 빠른 속도로 증가한 이후 약 10% 내외의 비율을 유지하고 있음을 알 수 있다. 다문화가정이 늘어난다는 것은 2개의 국가를 모국으로 생각하는 아이들이 점차 많아지고 있다는 것을 의미하고, 이런 인구가 늘어날수록 국가 간의 협력과 공동 발전을 희망할 가능성이 높다는 것을 의미한다.

미래를 보는 7개의 시선

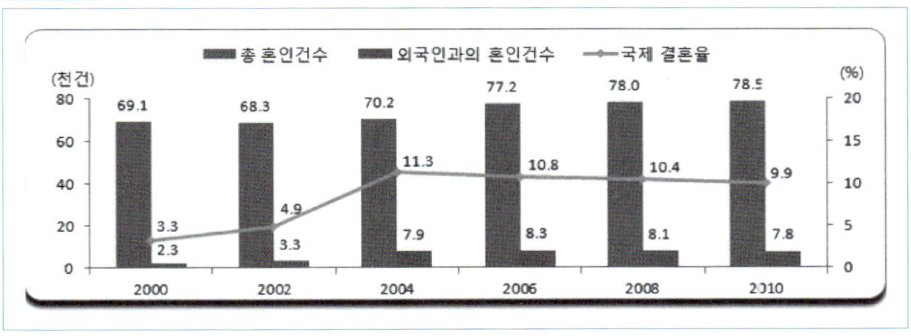

표 4　한국의 국제결혼 증대 추이

년도	2006	2007	2008	2009	2010	2011	2012	2013
국제결혼 수	38,759	37,560	36,204	33,300	34,235	29,762	28,325	25,963
남자(한국) + 여자(외국)	29,665	28,580	28,163	25,142	26,274	22,265	20,637	18,307
－ 중국	14,566	14,484	13,203	11,364	9,623	7,549	7,036	6,058
－ 베트남	10,128	6,610	8,282	7,249	9,623	7,636	6,586	5,770
－ 필리핀	1,117	1,497	1,857	1,643	1,906	2,072	2,216	1,692
－ 일본	1,045	1,206	1,162	1,140	1,193	1,124	1,309	1,218
여자(한국) + 남자(외국)	9,094	8,980	8,041	8,158	7,961	7,497	7,688	7,656
－ 일본	3,412	3,349	2,743	2,422	2,090	1,709	1,582	1,366
－ 중국	2,589	2,486	2,101	2,617	2,293	1,869	1,997	1,727

출처 : Korea National Statistics Service

6) 게임이론

3국 협의체 구성이 각국에 줄 수 있는 득실을 따져서 그 가능성을 추측해보는 것은 협의체 구성을 위한 전략을 파악하는 데 중요하다. 복잡 다변한 국제관계에서 경제적 범주를 넘어 한 국가가 취할 수 있는 미래의 득실을 정량화하는 것은 매우 어렵거나 불가능한 작업일 것이다. 하지만 3국 협의체 구성 가능성이 어떻게 촉진되거나 저해 받을 수 있는지, 협력을 선택하거나 협력하게 만들기 위해 고려해야 할 것이 무엇인지 기준을 확립할 수 있다는 점에서 게임이론을 통해 3국이 최적이익을 확보하기 위해 어떻게 협력 또는 갈등할 수 있는지 판단하는 것은 간과할 수 없는 검토과정일 것이다.

다자 게임이론에는 n인 게임, 영합·비영합 게임, 협력·비협력 게임 등 여러 가지가 있지만, 동북아시아에서 한중일 협력체 구성에 대한 게임이론 분석은 죄수의 딜레마와 양면 게임이론을 적용하였다.

a) 죄수의 딜레마

죄수의 딜레마(prisoner's dilemma)는 주로 2인 게임의 분석에 이용되고 있으나, 3인 게임으로 확장해 보았다. 플레이어의 전략에 따른 보수가 바뀌지 않는 대칭게임을 전제로 한다. 실제로는 국가 대 국가의 협력과 갈등에 따른 보수가 국가별로 차이가 있을 것이나(예를 들어 일본-한국의 협력이 8, 8의 보수를 가진다면 일본-중국의 협력이 반드시 8, 8의 보수를 갖지 않는다는 점) 이번 분석에서는 편의상 협력과 갈등에 대한 국가 간 보수를 같게 설정하였다. 이를 도식화하면 [표 5]와 같다.

표 5 3자 죄수의 딜레마 보수표

구분		일본		한국		중국	
		협력	갈등	협력	갈등	협력	갈등
일본	협력			(8, 8)	(1, 10)	(8, 8)	(1, 10)
일본	갈등			(10, 1)	(4, 4)	(10, 1)	
한국	협력	(8, 8)	(1, 10)			(8, 8)	(1, 10)
한국	갈등	(10, 1)	(4, 4)			(10, 1)	
중국	협력	(8, 8)	(1, 10)	(8, 8)	(1, 10)		
중국	갈등	(10, 1)	(4, 4)	(10, 1)	(4, 4)		

미래를 보는 7개의 시선

한 국가가 협력을 택하였고 상대 국가도 협력을 택한다면 두 국가는 각 각 8의 보수를 갖게 되고, 한 국가가 협력을 택하였지만 상대 국가가 갈등 을 지속하는 경우 협력은 1, 갈등은 10의 보수를 가지게 되며, 두 국가 모 두 갈등을 지속하는 경우 각각 4의 보수를 받는 것으로 설정하였다.

2인 게임일 경우 양국 모두 갈등을 지속하는 것이 혹시 모를 상대의 협 력선택에 대한 최적이익확보(내쉬균형) 전략이 될 것이나, 국제관계는 자국의 협력전략에 대한 상대의 갈등전략으로 입은 손실을 다음번 게임에서 복수 할 수 있는 반복게임의 형태를 갖기 힘들고, 국가 간 소통이 가능하다는 점 에서 갈등을 지속하는 것이 반드시 최적이익확보 전략이 될 수 없다. 그러 므로 협력–갈등 또는 갈등–갈등의 전략보다는 협력–협력의 파레토 효율 을 추구할 가능성이 크다. 그 관계를 살펴보면 다음 [표 6]과 같다.

표 6 3자 죄수의 딜레마 보수의 절대값 비교표

전략		보수	점수	전략		보수	점수
협 / \ 협—협	8,8 / \ 8,8—8,8	$\frac{16}{48}$	11	배 / \ 협—협	10,10 / \ 1,8—8,1	$\frac{20}{38}$	17
협 / \ 협—배	8,1 / \ 8,1—10,10	$\frac{9}{38}$	8	배 / \ 협—배	10,4 / \ 1,1—10,4	$\frac{14}{30}$	15
협 / \ 배—협	1,8 / \ 10,10—1,8	$\frac{9}{38}$	8	배 / \ 배—협	4,10 / \ 4,10—1,1	$\frac{14}{30}$	15
협 / \ 배—배	1,1 / \ 10,4—4,10	$\frac{2}{30}$	2	배 / \ 배—배	4,4 / \ 4,4—4,4	$\frac{8}{24}$	11

3국의 협력과 갈등상황은 총 8가지 형태로 나눌 수 있는데, 각각의 전 략에 대한 보수를 전체 보수에서 기준 국가가 취하게 될 보수로 나누어 그 값의 절대값을 비교해보면 협력의 총 보수는 36, 갈등의 총 보수는 56으로 어떤 경우에서도 갈등을 선택하는 것이 협력보다 높은 보수를 획득할 수

02 동북아시아의 미래

있는 전략임을 알 수 있다. 하지만 갈등을 지속하는 것이 항상 자국의 보수를 극대화하는 우월전략은 아니다. 갈등의 보수는 20, 14, 8이 될 수 있고 협력의 보수는 16, 8, 2가 될 수 있으므로 갈등의 14, 8보다 협력의 16이 우위인 경우가 존재하기 때문이다.

3국의 협의체 구성이라는 것은 자국의 이익뿐만 아니라 '공동체 전체의 이익을 극대화'하는 것이 궁극적 목표라는 점에서 보수관계를 살펴보면, [표 7]과 같다.

표 7 3자 죄수의 딜레마 전체 보수 비교표

전략		양국	전체	전략		양국	전체
협 /\\ 협—협	○ 16/ \\16 □—◇ 16	16	48	갈 /\\ 협—협	○ 11/ \\11 □—◇ 16	16	38
협 /\\ 협—갈	○ 16/ \\11 □—◇ 11	16	38	갈 /\\ 협—갈	○ 11/ \\8 □—◇ 11	11	30
협 /\\ 갈—협	○ 11/ \\16 □—◇ 11	16	38	갈 /\\ 갈—협	○ 8/ \\11 □—◇ 11	11	30
협 /\\ 갈—갈	○ 11/ \\11 □—◇ 8	11	30	갈 /\\ 갈—갈	○ 8/ \\8 □—◇ 8	8	24

모두가 협력하였을 경우 전체의 보수는 48로 제일 높다. 3국 중 두 국가만 협력하고 한 국가가 갈등을 지속하였을 경우는 38, 두 국가가 갈등을 지속하고 있으나 한 국가만 협력을 선택하였을 경우에는 30, 모두가 협력하지 않는 경우에는 24로 전체의 보수가 제일 낮음을 알 수 있다.

협력체의 구성이 어느 한 국가가 자국의 이득을 극대화하기 위한 전략이 아니라 공동체가 속한 지역의 발전을 도모하는 것이라면 모두가 협력하는 전략이 총보수를 극대화하므로, 경쟁력 있는 지역공동체의 설립이 장기적 관점에서 자국의 보수수준을 증대시키는 토양을 마련해주는 방법임을 유추할 수 있다.

b) 양면게임이론

국가 간의 외교·협상에는 당사국 간의 이해관계뿐만 아니라, 국내 관련 집단의 고려도 필요하다는 점에서 양면게임이론(two level game theory)을 통한 분석을 하였다.

국내 이익 집단이 국가의 외교적 결정에 대해 부과하는 제약의 정도에 따라 양국의 협상타결여부, 협상이득배분정도가 결정된다는 점에서 국내적으로 양보할 수 있는 최대한도를 제외한 나머지 부분이 국가가 협상을 통해 상대로부터 취할 수 있는 이득의 범위가 된다는 것이 양면게임이론의 핵심인 원셋(win-set)이 된다.

표 8 양면게임이론

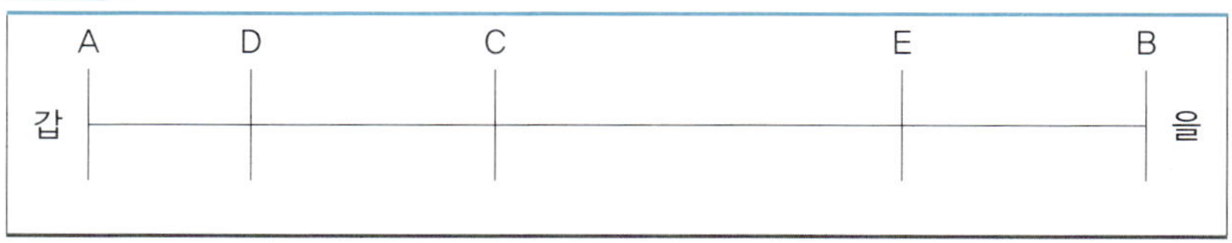

※ 1. A–B는 협상자 갑, 을의 합의에 따른 이익의 전체 크기
　2. 이익의 분배 합의가 C에서 이루어진다면, 갑이 얻는 이익의 크기는 A–C, 을이 얻는 이익의 크기는 B–C
　3. D, E는 각각 갑과 을이 국내의 비준을 받을 수 있는 최후의 협상지점
　4. 갑은 D–B 사이의 어느 지점에서 을과 합의를 하든지 국내 비준을 받을 수 있고, 반대로 을은 E–A임
　5. D–B는 갑의 원셋, E–A는 을의 원셋임
　6. 갑과 을의 원셋이 겹치는 D–E가 합의 가능영역임

양면게임이론에서는 자국의 최후협상지점을 고수하거나 확대하여 윈셋을 축소시키는 전략과 상대국의 최후협상지점을 후퇴하도록 하여 자국의 윈셋을 높이는 전략 등이 있는데, 여기에서는 각 국가가 최후협상지점을 고수하는 경우를 검토하여 협의를 이끌어내는 전략은 무엇이 있을 수 있는지 검토하였다.

양면게임이론은 결과적으로 3국이 협의체 구성을 위한 국내외적인 결단을 내리는 데 어떤 제약이 따르고, 상대편의 합의를 이끌어내기 위해 고려해야 할 부분이 무엇인지를 판단하는 기준이 될 수 있다. 먼저 3국의 최후협상지점을 각각 다르게 설정한 후 임의의 양국의 합의 가능영역을 제3국이 동일하게 요구할 경우 발생할 수 있는 상황을 검토하였다.

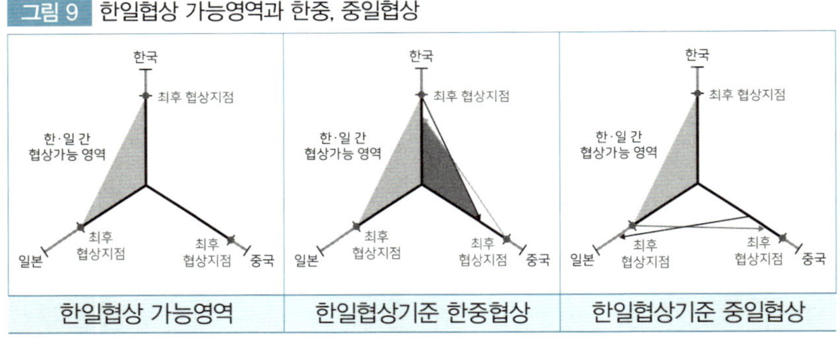

그림 9 한일협상 가능영역과 한중, 중일협상

한일협상 가능영역은 한국, 일본의 최후협상지점 내에 있으므로 두 지점 사이에서 협상이 가능함을 의미한다. 만약 한국과 중국이 협상할 경우 중국이 한일 협상을 토대로 동일한 한중협상 조건을 요구한다면, 한국의 입장에서는 원래의 최후협상지점을 유지하면서 중국의 최후협상지점을 전진시켜 더욱 많은 보수를 보장해줄 수 있고, 중국 역시 최후협상지점을 한국과 동일한 지점으로 설정하여 전진시킨다 하더라도 한국 역시 최후협상지

미래를 보는 7개의 시선

점으로 전진이 가능하므로 서로에게 더 많은 기본보수를 보장할 수 있는 상황이다. 다만, 양국의 윈셋이 축소되므로, 합의 가능영역은 협소해진다.

만약 중국과 일본이 한일협상을 기준으로 협상을 진행한다면, 일본은 기존 최후협상지점을 기점으로 한국이 취한 최후협상지점을 중국에 요구할 수 있고, 중국은 일본의 최후협상지점과 동일한 지점에서 일본이 한국으로부터 얻을 수 있었던 보수의 범위를 요구할 수 있다. 이 경우 일본은 최후협상지점의 후퇴가 불가피하므로 중국의 요구를 받아들일 수 없게 된다. 하지만 한일협상을 기준으로 한 일본의 요구가 중국에 손해가 되는 안이 아니므로, 중국이 다소 양보하여 협상을 성사시킬 수 있는 여지는 존재한다.

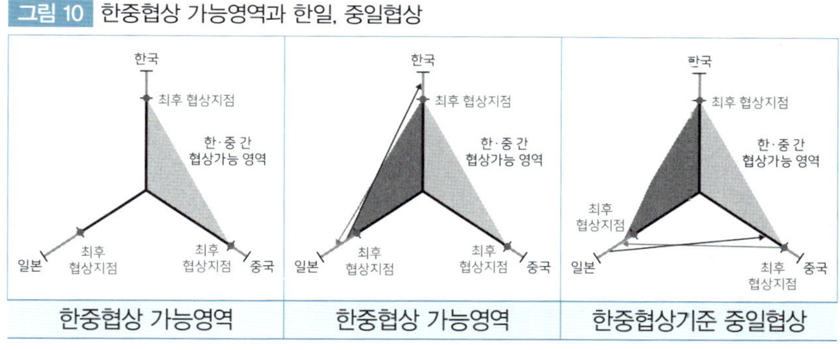

그림 10 한중협상 가능영역과 한일, 중일협상

한국이 한중협상의 협상가능영역과 동일한 수준으로 한일협상을 요구할 경우, 한국이 최후협상지점을 유지하면 일본의 최후협상지점의 후퇴가 필요하고, 일본이 중국의 최저협상지점만큼을 한국에 요구할 경우 오히려 자국의 협상지점의 후퇴가 일어나므로, 한중협상을 기준으로 한국에 협상을 요구할 수 없는 상황이다.

중국의 협상가능지점이 다른 양국보다 후퇴되어 있으므로, 일본이 중일협상에 한중협상을 기준으로 삼거나 중국으로부터 한국과 같은 수준의 요구를 받을 경우, 일본은 항상 자국의 최후협상지점을 후퇴시켜야 하는 결과가 나타나므로 어떤 경우에도 한중협상을 기준으로 협상할 수 없게 된다.

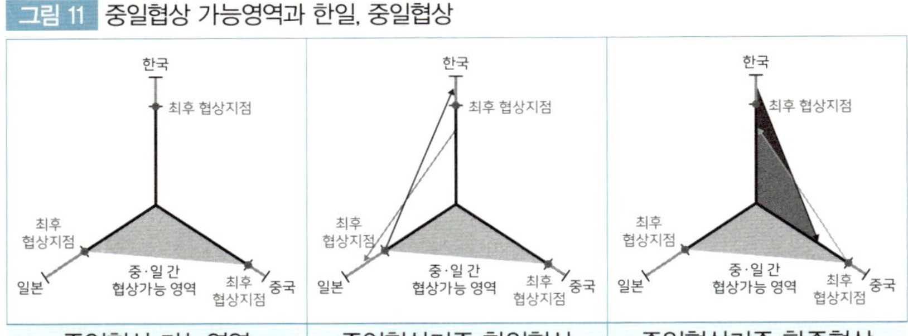

그림 11 중일협상 가능영역과 한일, 중일협상

중일협상의 협상가능영역을 기준으로 일본이 한국에 요구할 경우 한국은 최후협상지점의 후퇴가 발생하고 한국 역시 일본이 중국으로부터 취한 기본보수를 중일협상 기준으로 일본에 요구할 경우 일본의 최후협상지점의 후퇴가 발생하므로 어떤 경우에도 중일협상을 기준으로 한일협상은 이루어질 수 없다.

한국이 중일협상의 협상가능영역을 기준으로 중국이 취할 수 있었던 범위와 동일한 요구를 할 경우에는 오히려 자국의 최후협상지점을 후퇴시켜야 하는 반면, 중국은 일본과의 협상 때 확보 가능했던 협상가능영역을 한국에 요구할 경우 오히려 한국의 기본보수를 증가시킬 수 있는 상황이 되므로 중국입장에서는 자국의 보수축소 없이 한국에 호혜의 제안을 할 수 있는 입장이다.

하지만 양면게임이론 검토의 전제였던 최후협상지점의 후퇴 없음을 고려하였을 때, 이 경우에도 서로 같은 수준의 협상가능영역을 확보하는 3국 협상은 불가능하다. 결국, 다수의 국가와 동일한 조건의 협상을 시도할 경

우, 자국의 최후협상지점, 즉 기본보수를 높게 설정한 국가에 맞추어 타국
도 높은 기본보수를 요구할 수 있고, 반대로 자국의 최후협상지점을 낮게
설정한 국가가 타국에 동일한 양보를 요구할 수 있다. 양보가 불가할 경
우, 3국 간의 협상은 기본보수를 높게 요구하는 국가에 의해 다른 국가의
기본보수의 증가 요구를 야기하게 되므로 윈셋은 축소되고 협상가능영역
은 협소해진다는 것을 알 수 있다.

3. 핵심동인 결정

다음 단계로 추출한 관련 요소들에 상호작용 테이블 기법을 적용하여
아래와 같이 우선순위를 매겨 독립변수를 추출하였다.

이 작업을 통해 총 5개의 핵심동인(민간교류, 민족주의, 이민자유입, 국가갈등,
경제위기)을 추출할 수 있었는데, 이는 예상대로 주로 사회, 정치, 경제 분
야에 속한 이슈들이었다.

1) 민간교류 : 사회(S)에 속한 이슈로 동아시아 통합을 위한 구성원의 심
   리적 합의를 도출하는 중요한 매개변수로 예상된다.

2) 민족주의 : 사회(S)에 속한 이슈이며 민족주의가 강할수록 국가 통합
   은 어려워지는 경향이 있다.

3) 이민자유입 : 사회(S) 혹은 인구(P)에 속한 이슈로 민간교류와 유사한
   효과가 있다.

4) 국가갈등 : 정치(P)에 속한 이슈로 국제외교 전략의 큰 축에 따라 동
   아시아 통합에 걸림돌이 될 수도 있는 중요한 변수로 작용한다.

5) 경제위기 : 경제(E)에 속한 이슈로 세계 경제 혹은 자국의 경제가 호
   황이냐 불황이냐에 따라 국가외교 전략이 변하게 되는 중요한 변수로
   작용한다.

		S				T		E		P	
		민간교류	국제교류	한류	민족성	자언어번역	교통수단	환경오렴	자연재해	노령화	이민자유입
S	민간교류		+2		−1	+1	+1				+2
	국제교류	+2			−1	+1	+1			−2	+2
	한류	+1	+1								+1
	민족주의	−1	−1	−2		−1					−1
T	자언어번역	+2	+1	+1	−1						+1
	교통수단	+2	+1		−1			+1			+1
E	환경오렴								+2		
	자연재해	−1	−1	−1							+1
P	노령화	−1	+1	−1	+1					−2	
	이민자유입	+1	+2		−1	+2	+2				
P	지역패권		−1	−1	+1						
	국가갈등	−1	−1	−1	+1		−1				−1
	국제외고전학										
E	경제위기	−1	−1	−1	+1			−1			
	빈부격차	−1	+1		+1						
	무역불균형				+1						
	세계시장경쟁				+1						
R	자원확보경쟁				+1						
	중속성 합계	+2	+4	−7	+3	+3	+3	0	+2	−4	+6
	중속성 개수	11개	12개	7개	13개	4개	4개	2개	1개	2개	8개

		P			E				R	독립성 한계	독립성 개수
		지역패권	국가갈등	국제외 고전학	세계경 제위기	빈부격 차	무역불 균형	세계시 장결쟁	자원확 보경쟁		
S	민간 교류		−1				−1	−1	−1	+1	9개
	국제교 류					−1				+2	7개
	한류									+3	3개
	민족 주의	+1	+2	+1					+1	−1	9개
T	자언어 번역									+4	5개
	교통 수단					−1		+1		+4	7개
E	환경 오렴								+1	+3	2개
	자연 재해				+1					−2	4개
P	노령화	−1			+2	+1				+4	7개
	이민자 유입			+1	−1	−1				+2	10개
P	지역 패권			+1				+1	+2	+3	6개
	국가 갈등	+1		+2				+1	+1	0	10개
	국제외 고전학	+1	+1					+1	+1	+4	4개
E	경제 위기		+1	+1				+1	+1	+4	11개
	빈부 격차				+2					+3	4개
	무역 불균형	+1	+1	+1		+1		+1	+1	+7	7개
	세계시 장경쟁	+1	+2	+1			+2		+2	+9	6개
R	자원확 보경쟁	+1	+2	+1				+1		+6	5개
	중속성 합계	+5	+8	+9	+4	+1	+2	+6	+9		
	중속성 개수	7개	7개	8개	4개	6개	3개	8개	9개		

4. 미래예측

다음으로 우선순위에 따라 추려낸 5개의 핵심동인을 바탕으로 미래예측 기법을 적용해 보았다. 본 연구에는 3차원 미래예측법과 Alternative futures matrix 방법을 활용하였다.

1) 3차원 미래예측법

분야 축에는 5개의 핵심동인을 배치하고, 국가 축에는 한중일 3국을 배치하고, 시간 축에는 2005년부터 10년 단위로 배치하였다.

2005년부터 2035년까지 총 4개의 국가별 분야별 테이블을 도출할 수 있었는데, 이를 통해 10년 단위로 한중일 3국의 분야별 변화를 감지할 수 있었다.

그림 12 3차원 미래예측

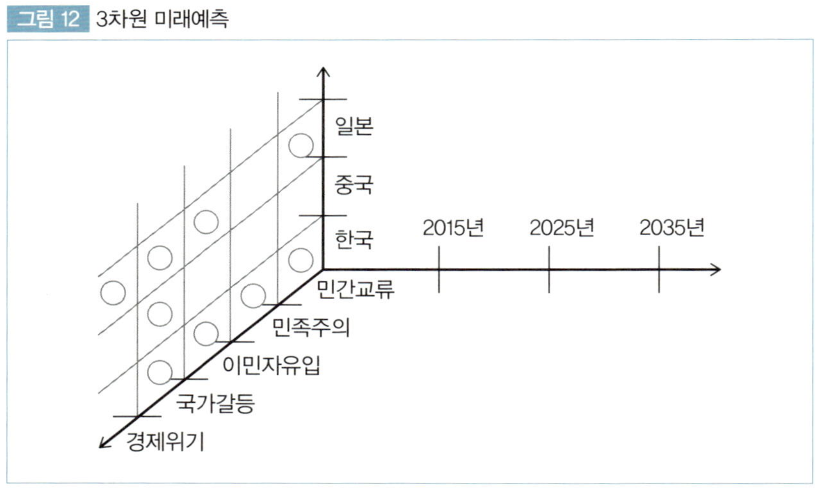

2005년	민간교류	민족주의	이민자 유입	국가갈등	경제위기
한국	○	○	○	○	
중국				○	
일본	○		○	○	○

2015년	민간교류	민족주의	이민자 유입	국가갈등	경제위기
한국	○	○	○	○	○
중국	○	○		○	
일본		○	○	○	○

2025년	민간교류	민족주의	이민자 유입	국가갈등	경제위기
한국	○		○	○	○
중국	○	○		○	○
일본	○		○	○	○

2035년	민간교류	민족주의	이민자 유입	국가갈등	경제위기
한국	○		○		
중국	○		○		
일본	○		○		

 2015년 현재 상황은 10년 전과 비교했을 때, 중국과는 가까워지고 일본과는 멀어진 상태이다. 이는 일본의 아베 총리 집권 이후 일본 정책에 따라 주변국과의 역사, 영토 문제가 불거지고 있는 데서 이유를 찾을 수 있다. 현재 한중일 모두 민족주의가 강하여 종종 갈등이 빚어지고 있으며, 한국은 10년 전의 일본처럼 경제위기에 직면하고 있다.

 2025년이 되면 민간교류가 증대되고, 그로 인해 배타적인 민족주의는 다소 완화되지만, 경제위기로 인한 보수주의로 인해 국가갈등은 여전히 존재할 것으로 예상된다. 2035년에는 민간교류와 이민자 유입이 극대화되고, 경제위기를 극복함으로써 민족주의와 국가갈등 문제가 모두 해소될 것으로 전망한다.

2) Alternative futures matrix

3차원 미래예측법과 별도로 Growth, Collapse, Discipline, Transform의
4가지 미래를 도출하기 위한 STEPPER의 변동내용을 살펴보았다.

표 11 Alternative futures matrix

	Growth	Gollapse	Discipline	Transform
Society	상호 유대 강화	민족갈등 폭발	긴장감	국가관 변화
Technology	발전			발전
Environment		자연재해	환경오염	
Population	이민인구 유입			
Politics	동반자	전쟁	견제	영향력 약화
Economics	활황	공황	불황	포스트 자본주의
Resource		고갈	경쟁	

이 기법을 적용하여 동북아시아의 4가지 미래에 대한 힌트를 얻을
수 있었는데, 그것은 Growth=통합성공, Collapse=통합실패 및 공멸,
Discipline=현상유지, Transform=국가정체성 변화로 나타낼 수 있다. 각
미래에 대한 시나리오는 다음 장에서 보다 상세히 설명한다.

5. 결과통합 : 4가지의 미래 시나리오

동북아시아 통합에 초점을 맞춘 4가지의 미래 시나리오는 다음과 같다.

1) Growth : 시나리오#1. 미합중국 모델

이 미래에서는 동북아 3국의 정치, 경제, 사회 조건이 모두 통합을 위한

분위기로 조성된다.

정치 분야에서는 첨예한 역사, 영토 문제가 해결되고, 외교전략은 단기적인 협상 및 이익을 경쟁하는 관계가 아니라 보다 장기적이고 동반자적인 관계로 개선된다. 경제 분야에서는 한중일 3국이 상호 우호적인 경제협정을 맺고, 날로 증대되는 교역량은 서로를 더욱 긴밀한 경제 동반자 관계로 만든다.

Growth	상태
민간교류	↑ 활발
민족주의	↓ 억제
이민자유입	↑ 활발
국가갈등	↓ 해소
경제위기	↓ 해결

사회 분야에서는 활발해진 민간교류와 다문화가정의 증가로 국가 간 이질감이나 경계심이 옅어진다. 이러한 분위기를 토대로 한중일 3국은 가장 높은 수준의 국가연합체를 형성하게 된다. 북한은 이런 기류에 편승하여 연합 이전에 이미 한국과 평화통일을 이룩한다. 언어 문제는 일찌감치 발달한 통역 및 번역 기술로 극복한다. 동북아 연합체는 공통의 최상위 법을 제정하고 군대 및 공권력을 통합하는 데 합의하여 종국에는 미국과 EU를 넘어서는 최강의 국가연합으로 세계 무대에 우뚝 서게 된다.

2) Collapse : 시나리오#2. 제3차 세계대전

이 미래에서는 모든 지표가 1번 미래와 정반대를 가리키게 된다. 세계 경제의 대공황으로 각국의 경제사정은 위기에 빠지고, 이로 인해 배타적인 민족주의가 성행하면서 경쟁국을 배격하는 분위기가 조성된다.

Collapse	상태
민간교류	↓ 저하
민족주의	↑ 강화
이민자유입	↓ 탄압
국가갈등	↑ 고조
경제위기	↑ 공항

정치, 경제, 사회 전 분야에서 팽팽히 대립하던 동북아는 가장 민감한 영토 문제에서 지역적인 도발(센카쿠, 독도)이 발생하게 되고, 이는 즉각적으로 미국, 러시아, 북한, EU 등 외부 세력의 개입으로 이어진다. 이미 공황 상태에 빠진 세계 경제로 인해 세계 열강들은 각자 자국의 이해관계에 따

라 전쟁 참여를 결정하고, 이는 결국 제3차 세계대전으로 이어진다. 전쟁 기간과 상관없이 동북아는 서로 씻을 수 없는 상처를 안고 공멸하게 되고, 다시 세계 무대에 진출하기까지 긴 시간이 필요하게 된다.

3) Discipline : 시나리오#3. 경쟁국 모델

이 미래에서는 핵심동인들이 현재 상황을 획기적으로 바꾸지 못하고, 현상유지를 하게 된다. 저마다 유구한 역사와 전통을 가진 한중일 3국은 좀처럼 국가통합을 위한 공감대를 형성하지 못하고 정치, 경제, 사회 전 분야에 걸쳐

Collapse	상태
민간교류	↑ 증가
민족주의	↑ 배타
이민자유입	↑ 증가
국가갈등	↑ 증가
경제위기	↑ 불황

끊임없이 서로를 견제하면서 합종연횡하는 외교전략을 반복한다.

동북아의 외교전략이란 자국의 이익 극대화만을 염두에 두고 서로를 이용하는 수단에 불과하다. 이런 분위기에 따라 각국의 민심도 평행선을 달리게 되고, 북한은 여전히 도발의 위험성을 유지한 채 고립된 국가로 남아 있다. 이 모델에서는 동북아의 경제는 조금씩 성장하더라도 정치 및 사회 분야에서 합의가 이루어지지 못하게 된다.

4) Transform : 시나리오#4. 국가초월 미래사회

이 미래에서는 사람들의 국가에 대한 인식 변화로 인해 동북아 국가 간의 통합을 논하는 것 자체가 무의미해지는 결과를 초래한다. 기술의 발달은 지구촌의 시간과 공간을 점차 좁혀가게 되고, 민족과 인종 간의 장벽은 점차 허

Collapse	상태
민간교류	↑ 활발
민족주의	↓ 억제
이민자유입	↑ 활발
국가갈등	↓ 약화
경제위기	↓ 해결

물어져 간다. 사람들의 시야가 점차 초국가적인 범위로 넓어지고, 이제 국가라는 편 가르기는 인류 발달을 저해하는 요소로 인식된다.

미래를 보는 7개의 시선

민족주의는 물론 국가 중심주의 자체가 허물어지고, 인류는 모두 동등하다는 세계관이 확산된다. 이에 따라 기존의 국가관, 애국심 및 타국에 대한 편견이 존재하지 않는 신인류가 등장하게 된다. 이는 자연스럽게 국가의 권력 및 영향력의 쇠퇴로 이어지며, 사람들은 국가에 구애받지 않고 국가의 존재를 피부로 인식하지 못하는 상황에 이른다.

Ⅲ. 미래설계

1. 희망미래 설정

이번 연구에서는 두 가지 희망미래를 설정해 보았다. 첫 번째 희망미래는 4가지 대안적인 미래분석 중에서 첫 번째인 성장(growth)의 미래와 유사한 설정이다. 본 설정의 이론적 토대는 100년 전인 1910년, 안중근 의사가 옥중에서 구상한 『동양평화론』에서 찾았다. 조선 침략의 원흉인 이토 히로부미를 저격하고 체포되어 감옥에서 사형을 기다리는 안중근은 동양평화 실현을 위한 자신의 구상을 밝힌다. 먼저 한중일 3국과 인도, 베트남, 태국 등이 참여한 형태의 ①국제협의체(동양평화회의) 설치, ②한중일 3국 간 공동의 중앙은행 설치, ③지역 공용의 화폐 사용, ④경제협력 강화, ⑤3국 간 공동의 군대 설치, ⑥앞서 서구문명을 받아들인 일본의 주도로 한국과 중국의 상공업 발전 등 아주 구체적인 제안까지 담고 있다. 이러한 구상은 UN 그리고 EU 설립보다 훨씬 더 앞선 획기적인 제안이고 비전이다.

 안중근 의사와 동양평화론

　두 번째 희망미래는 통일된 한국이 스위스, 오스트리아, 핀란드 등 유럽의 영세중립국 모델을 도입하는 설정이다. 한국이 미국이나 중국의 편이 아닌 중립국으로서 자유로운 경제와 인적 교류의 허브가 되는 모델이다. 지난 5천 년간 한국은 지리적 요충지라는 특징 때문에 끊임없는 외세의 침입을 받아왔다. 중국의 침입, 일본의 침입 그리고 근대에 와서는 영국, 프랑스, 미국 모두 한국의 지리적인 위치를 욕심내었다. 청일전쟁, 러일전쟁의 전쟁터도 중국이나 일본이 아닌 바로 한반도였고 가장 최근에는 미국과 소련, 중국이 맞붙은 6.25 전쟁으로 한반도를 다시 한번 잿더미로 만들었다.

　동북아시아의 바람직한 희망미래는 안중근식의 동양평화론적인 미래가 분명하다. 그러나 그 구상이 정치, 경제, 안보, 이념, 민족주의 등의 다양한 현실적인 문제로 인해 실현되지 못하다면 두 번째 희망미래(한국의 영세중립국 선언)도 바람직하다고 볼 수 있다. 향후 미국, 중국, 일본, 러시아 간 경쟁구도가 심화되고 갈등요인(정치, 경제, 안보, 영토)이 극대화된다면 강국들은 한국을 향해 러브콜을 보내겠지만, 한국은 그 누구의 손도 쉽게 잡기 어려운 상황이다. 멀리 볼 것도 없이 2015년 초 발생한 외교적 딜레마인 AIIB 가입과 전략무기인 THAAD 배치에서도 이러한 갈등요인을 찾아볼 수 있다.

　유럽의 작은 국가인 스위스, 오스트리아, 핀란드 등은 수많은 전쟁에서 큰 피해를 보아왔고, 주변 강국의 잘못된 판단의 희생양이 되었다. 그래서 선택한 대안이 영구적으로 중립을 선언하고 극심한 갈등구조의 중간역할(buffer)을 수행함으로써 자국의 안정과 번영을 도모하고 있다. 한국이 중립국이 된다면, 주변 강국 간의 경제적, 정치적 레버리지를 꾀할 수 있고, 매번 어려운 고방정식의 외교갈등의 중심이 될 필요도 없다. 이 희망미래

의 결론은 분명하다. 한국은 미국도 필요하지만, 중국도 필요하다. 그리고
일본과도 협력적인 관계를 구축해야 한다. 그렇다면 통일한국이 가야 할
방향은 이념적으로 중립적이지만 경제적으로 실리를 찾는 방안이 아닐까
판단한다.

그림 14 5번째 UN 본부를 DMZ에 유치

Ⅳ. 미래전략

1. 키 요소

위에서 설정한 희망미래를 실현하기 위한 핵심요소를 새롭게 추출해 보았다. 역시 STEPPER를 적용하여 사회, 정치, 경제에 대하여 다음과 같은 새로운 요소를 얻어낼 수 있었다.

1) 사회(S) : 다문화사회, 탈민족주의, 공동체인식 강화

2) 정치(P) : 낮은 수준의 Union 구성

3) 경제(E) : 단일 통화, 경제권역 공유(무관세 정책), 중앙은행

표 12 희망미래의 키 요소 추출

동북아시아의 미래	S 사회	T 기술	E 환경	P 인구
	1. 교류 2. 다문화사회 3. 탈민족주의 4. 공동체인식	1. 교통 (1일생활권) 2. 기술혁신 (자동번역)	1. 환경오염 (황사 등) 2. 자연재해 (태풍, 지진)	1. 적정인구 CJK 시민
	P 정치	**E 경제**	**R 지원**	
	1. Union 구성 2. 국가정체성 희석 3. 연합군 (E NATO)	1. 단일경제 2. 단일 통화 3. CJK 중앙 은행	1. 공동생산 및 관리 (전력, 수자원)	

2. 차이 파악

2015년 현재의 동북아 정세 및 국민 감정을 고려해 보았을 때, 지금까지 설명한 희망미래와 현실 사이에는 큰 차이가 있다. 구체적인 미래전략 수립을 위해 현실과 희망미래 사이의 차이를 살펴볼 필요가 있다.

표 13 현실과 희망미래의 차이

	현실	희망미래
경제	교류확대, 의존도 증대, 불확실성 상존	단일경제권, 경제통합, 단일화폐, 지역금융기구, FTA, AIIB 등
정치	과거사, 영토 갈등 경쟁관계	협력과 공동체의식 함양, 지역협의체 구성 및 확대
사회	배타적 민족주의, 이질감, 민간교류 증대	Unity in diversity(다문화, 복합된 정체성), 역사공동연구위원회

3. 미래전략

현실과 희망미래 사이의 차이를 확인하였으므로, 희망미래 달성을 위한 구체적인 미래전략을 제시하고자 한다. 미래전략은 3가지로 작성하였다. 첫째는 시간별로 작성된 미래전략, 둘째는 분야별로 작성된 미래전략 그리고 셋째는 한중일 3국의 다양한 선택을 가정하여 작성한 양면게임이론이다.

첫째는 시간별, 단계별 미래전략이다. 총 4단계로 구성된다. 1단계는 비전 설정(Vision Setting), 2단계는 신뢰구축(Confidence Building), 3단계는 동질성의 회복(Unity in Diversity) 그리고 4단계는 다층구조의 통합 실현(Multi-layered Integration)으로 구분하였다.

그림 15 4단계 미래전략

1단계 : Vision Setting (Permanent Prace and Prosperity)
⇨ 예) Jean Monnet & Robert Schuman (France)

2단계 : Confidence Building
⇨ European Coal and Sreel Community(1951) Armed Control
⇨ Joint Military Exercise, High level talks, Joint Military Exercis
⇨ Humanitarian Exchanges, Military Personnel exchanges and Armed inspection

3단계 : Unity in Diversity
⇨ Spreading spirit of cooperation in other areas. (Top to bottom & Bottom Up process)

4단계 : Multi-Layered Integration
⇨ Economic, Social, Political and Military

동북아판 EU가 설치되어 여러 분야별 지역통합을 이루기 위해서 가장 중요한 우선적인 과제는 비전을 설정하고 공유하는 것이다. 안중근 의사의 동양평화론이 이러한 비전의 대표적인 예이다. 2014년 4월 한중일협력사무국에서 주최한 한중일국제포럼에 참석한 한 참석자는 미래에는 한중일의 젊은이들은 3국 중 어느 나라에서 공부할지, 3국 중 어느 나라에서 직장을 찾을지, 3국 중 어느 나라로 여름 휴가를 갈지, 그리고 3국 중 어느 나라에서 은퇴하고 노년을 보낼지 고민하는 미래상을 제시하였다. 바로 이러한 비전을 제시하고 공유하며 확산시키는 것이 우선적인 과제이다.

2단계는 신뢰구축이다. 많은 이들은 유럽연합(EU)의 설립자(founding father)로 프랑스인인 장 모네와 로버트 슈망을 지칭한다. 이들은 제2차 세계대전 이후 다시는 이러한 전쟁이 유럽에서 발발하지 못하게 하는 방법을 구상하다가 무기생산에 필수적인 물자를 공동으로 관리하자는 방안을 마련한다. 1951년 설립된 유럽석탄철강연합(ECSC, European Coal and Steel Community)이 바로 그 해법이었다. ECSC는 가장 강력한 신뢰구축의 방안이었고 이를 토대로 지금의 EU가 설립하게 된다.

신뢰를 구축하는 방법은 여러 가지이다. ECSC와 같은 기구도 필요하지만 다양한 정부, 경제, 민간, 군사 등의 교류도 추진되고 확대되어야 한다. 합동군사훈련, 군사인력교류 등은 매우 유익한 수단이다. 특히 최근 들어 그 비중이 확대되는 것이 지진, 태풍, 재해 등의 상황에서 인도적인 지원과 교류를 확대하는 것이다.

3단계는 서로의 다양성을 인정하고 공통분모를 찾아서 동질성을 회복하는 것이다. 한중일 3국은 모든 면에서 확연히 다르다. 외형은 동양인으로 유사하지만, 그 외의 모든 부분은 너무도 차이가 커서 공통분모를 찾기 어려울 정도이다. 하지만 이러한 차이에만 집중하면 화합과 통합을 논할 여지가 없게 된다. 서로의 차이점을 존중하고, 이를 서로의 강점을 살리는 방향으로 유익하게 활용하자는 심리적 합의가 필요하다. 반대로 한자문화권, 유교적인 교육과 관습, 음식습관, 높은 교육열 등의 유사성을 하나둘씩 찾고 공통분모를 확대해 나가야 할 것이다.

이러한 분야에서 중요한 것이 학계와 언론 등 지식인의 역할이다. 3국의 유사성과 차이점을 바르게 가르치고 서로를 존중하는 문화를 습득하는 것은 교육의 힘으로 가능하다. 유럽통합의 큰 비밀 중 하나는 에라스무스(Erasmus program)라는 대학생 교환프로그램이었다는 EU 대사님의 발언을 접한 적이 있다. 차세대 리더인 학생들 간의 교류 확대는 지금까지의 장벽을 허물고 협력과 번영의 정신을 확산시키는 데 중요한 동인이 될 것이다.

4단계는 다층 구조의 통합작업을 추진하는 것이다. 우선 경제적인 통합이 중요하다. 한중일 3국이 가장 원하는 부분 그리고 확대도기를 바라는 부분은 바로 경제다. 경제의존도를 조금씩 높이고 상호의존도가 상당한 상황이면 3국 통화를 자유롭게 결제하고 사용하는 시스템을 구축해야 할 것이다. FTA 등 무역자유화 노력도 병행되어야 한다. 다음으로는 정부 교류, 의회 지도자 교류, 언론 교류, 군사 교류 등이 단계별로 진행되어야 한다. 끝으로 시간이 오래 걸리고 변화의 속도는 느리지만, 인식 차를 줄이고 사회적인 통합에도 노력해야 한다.

〈4개 분야별 미래전략〉

비전 1 : 경제통합 가속화

▶ CJK FTA, Custom Union, Currency Swap, Common Bond Market, ASEAN+3 mechanism, eventually joint Currency

비전 2 : 정치적, 외교 갈등 완화

▶ High level talks, joint Military Exercise, Humanitarian Exchanges, Military Personnel exchanges and Armed inspection

비전 3 : 사회문화 확대

▶ Culture exchanges, freer monement of peoples, studem, CJK Study centres

비전 4 : 과거사 문제

▶ Easy problem first, joint History Commission, Various Exchanges

둘째는 분야별 미래전략이다. 각 단계별로 전략을 추진하는 것이 아니라, 분야별 비전을 설정하고 이를 해결하기 위한 미래전략을 추진하는 것이다. 한중일 3국 간 통합을 위해서 앞서 확인된 핵심동인 3가지(경제, 정치, 사회)와 정서적인 부분인 과거사 문제를 분야로 정했다. 먼저 경제통합을 가속화해야 한다. 이를 위해서는 한중일 3국 간 FTA, 통화스왑 조치 확대, 채권시장 개방 조치, ASEAN 국가들과의 통합활동 참여 그리고 궁극적으로는 단일통화 체제 도입을 전략으로 정하였다.

비전 2는 정치적, 외교적 갈등을 완화시키는 것이다. 먼저 한중일 3국 정상 간 대화를 비롯한 고위급 대화와 협력은 지속 추진되어야 한다. 최근 한중일 관계 악화로 정상급 교류가 단절된 것은 우려스러운 부분이다. 그리고 비정치, 군사 분야에서의 인도적인 지원과 협력은 더욱 확대되어야 하고, 이를 통해서 신뢰를 쌓은 이후에는 외교관, 군사 분야에서도 교류를 적극적으로 추진해야 한다. 궁극적인 목표는 다시는 한중일 3국을 비롯한 동북아지역에서 전쟁을 비롯한 분쟁발발 가능성을 Zero 수준으로 낮추는 것이다.

비전 3은 사회교류를 확대하고 동질성을 회복하는 것이다. 이를 위해 학계, 문화계, 사회계, 체육계 등의 교환프로그램을 확대하여야 한다. 최근 한국과 일본의 거리에서는 중국인 관광객을 쉽게 볼 수 있는데, 앞으로는 자유로운 인적교류 및 방문이 더욱 활발해질 수 있도록 격려해야 한다. EU의 에라스무스와 같은 학생 교환프로그램은 매우 중요하며, 지금 추진 중인 아시아캠퍼스(Campus Asia) 사업도 확대되어야 할 것이다. 끝으로 한중일 공동연구작업이 강화되어야 한다. 현재 북경에 있는 국립외교원에는 CJK Study Centre가 운영 중이다. 이러한 연구센터가 한국, 일본으로 확대되고 교류의 범위를 더욱 넓히도록 장려해야 할 것이다.

비전 4는 과거사 문제 해결이다. 과거사 문제는 3대 핵심동인은 아니지만, 절대 그냥 넘어갈 수 없는 매우 중요한 요소이다. 일제 식민지 역사가 끝나고 광복된 지 70년이 지났지만, 아직도 3국은 과거사 문제에서 자유롭지 못하다. 그리고 지금도 논란의 중심에는 늘 과거사 문제가 있다. 이 부분은 쉽지 않은 과제이지만 적극적으로 해결하려는 노력이 없으면 앞으로 10년, 20년 후에도 관계개선에 큰 걸림돌이 될 여지가 크다. 제2차 세계대전에서 독일의 침략을 경험한 폴란드는 독일과 공동으로 역사교과서위원회(Germant Poland Joint Textbook Commission)를 구성하여 관계개선에 노력했다. 이러한 결단과 의지가 동북아에서도 필요하다.

셋째는 양면게임이론이다. 앞서 게임이론에서 살펴보았듯이, 양면게임이론을 통해 3국이 국내적 이유로 양보할 수 없는 최후협상지점으로 설정한 부분이 3국의 협의체 구성에 어떤 영향을 미치는가를 검토하는 것은, 3국이 만족할 만한 협의체 구성을 위해 고려해야 할 요소가 무엇인지 판단할 수 있게 해준다. 정리해보면 다음과 같다.

첫째, 최후협상지점이 높은 국가로 인해 타국가들의 최후협상지점의 상승을 압박하는 '심리적 요구 한계'가 발생한다.
둘째, 심리적 요구 한계는 각국의 최후협상지점의 동반상승을 야기한다.
셋째, 최후협상지점의 상승은 한중일 간의 윈셋을 축소시킨다.
넷째, 윈셋의 축소는 3국의 합의 여지를 줄어들게 하는 원인이 된다.

그러므로 3국 협의체를 구성하기 위해서는 상대국의 최후협상지점에 대한 이해, 즉 그러한 최후협상지점을 고수할 수밖에 없는 각국의 국내적 사유에 대한 이해의 선행이 필요하며, 자국의 기본보수를 유지 또는 확장하기 위해 국내 여론을 강경한 방향으로 유도하고 협상결렬의 책임을 상대국가에 전가하는 등의 정치적 조치를 지양해야 한다. 상대국의 협의체 형성과 관련된 국내적 이슈를 각국이 원하는 이슈와 연계하거나 상대국의 이해집단에 호소, 3국 협의체의 구성이 동북아의 발전에 미칠 긍정적 영향에 대한 기대, 이미지 변화 등을 도모하여 윈셋을 확대하는 전략을 수립할 필요가 있다.

V. 결론

KOREA AS A NATION
TO END THIS WEEK

Its Emperor Agrees to a Convention Giving Absolute Control to Japan.

NO DISTURBANCE EXPECTED

Country Thoroughly Policed—Koreans at Present Know Nothing of What Is About to Happen.

TOKIO, Aug. 21.—Within a week the "Hermit Kingdom" and the "Empire of Korea" will become historical terms,

1910년 8월 22일 한국의 상황을 전하는 「뉴욕타임지」의 기사이다. 내용은 다음과 같다. "한국이라는 나라는 이번 주에 사라진다. 국왕이 모든 권한을 일본에 넘기는 협정에 동의했다. 아무런 소란이 예상되지 않는다. 국민들은 아무것도 모르고 있다." 이번 연구작업을 하면서 찾은 이 기사를 보면서 충격에 빠지지 않을 수 없었다. 불과 100년 전의 상황이었는데, 이렇게 처참한 모습이었다는 것을 확인하는 순간이었다.

외교, 안보, 정치는 극히 일부의 소수 인원이 참여하여 관리하는 영역이다. 그리고 최근까지는 대다수 국민들은 정확한 상황을 알지도 못했고 알려고 하지도 않았던 것이 사실이다. 그런데 이러한 소수가 내린 결론은 다수인 국민에게 엄청난 파문을 가져온다.

이번 연구작업을 진행하면서 배운 가장 큰 교훈은 일반 국민들이 얼마나 더 관심을 갖고 대외적인, 국제적인, 국가적인 정책과 결정에 참여하고 목소리를 내는지에 따라서 그 결과가 크게 달라진다는 점이다. 1988년 하버드대학교 로버트 퍼트남 교수의 '양면게임이론'이 바로 이를 잘 입증한다. 2008년 일어난 광우병 시위도 국내 정치와 국민의 목소리가 외교관계와 국제적인 협상에 어떠한 영향을 줄 수 있는지를 잘 보여주고 있다.

그림 18 1910년 일장기가 걸린 경복궁

　한중일 3국을 비롯한 동북아시아에서 바람직한 미래를 설정한다면 결론은 하나다. 답은 간단하다. 협력과 교류의 확대이다. 그렇지만 지금까지 이러한 방향으로 가지 못했다. 이유는 무엇일까? 3국 국민이 협력과 번영의 이익과 혜택을 잘 알지 못하고, 갈등과 분쟁에 더 익숙해져 있기 때문이다. 일반 국민이 더 많이 알고, 바람직한 동북아의 미래에 대한 비전을 공유하고 확산한다면, 동북아시아에는 EU를 뛰어넘는 높은 수준의 경제통합, 정치통합체 구성도 가능할 것이라는 기대를 하며 본 과제를 마친다.

 **참고문헌**

- 2014년 한중일협력사무국 Anual Book

- 외교부(2015), 「동북아 평화협력구상」

- 통일연구원(2011), 「한반도 통일과 동북아 4국의 입장 및 역할」

- 한양대학교 아태지역연구센터(2006), 「동북아 정치체계의 변화와 전망」

- 대통령자문 동북아시대위원회(2005), 「평화와 번영의 동북아시대 구상」

- 손기화(2013), 『유럽 통합의 역사와 미래』, 주니어김영사

- 필립 젤리코, 콘돌리자 라이스(2008), 『독일 통일과 유럽의 변환』, 모음북스

- 브레진스키(2000), 『거대한 체스판』, 삼인

03

휴보, 그 후…

가정용 로봇산업의 미래

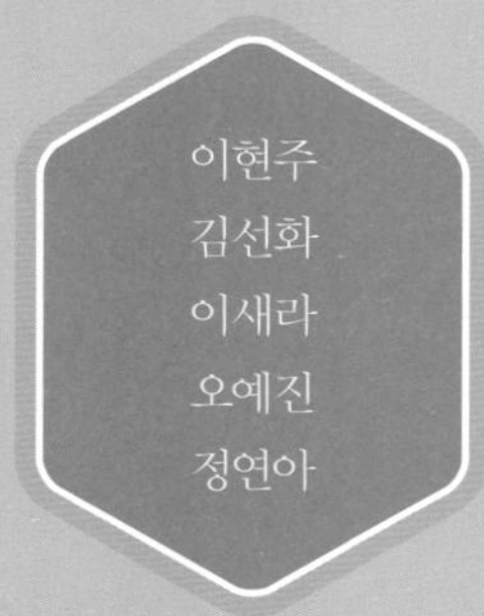

이현주
김선화
이새라
오예진
정연아

contents

Ⅰ. 개요

1. 조원 구성 배경

KAIST−MIP 1조의 구성원은 변호사, 정부산하기관(특허청, 보건복지부) 연구원, 생명공학분야 연구원, 법학·정치경제 대학원 학생 등의 여성으로 구성되었다. 각 구성원은 '가정용 로봇산업의 미래'를 예측하고 분석하는 데 각자의 다각화된 특·장점을 활용할 수 있었고, 미래를 예측하는 데 다양한 입장을 반영하여 균형감 있는 미래전략 분석결과를 도출하게 됐다.

2. 주제 선정 과정

브레인스토밍을 하며 각기 다양한 주제들이 언급되었다. 인공지능, 3D 프린팅 기술, 유전자가위, 로봇산업, 뷰티산업 등의 주제들이 논의되는 가운데 주제 선정 과정에서 정보통신기술 전략 수업에서 가장 인상 깊었던 수업이 '로봇공학' 분야 강의였던 점과 각 구성원의 최대 공통 관심사 중 하나가 '가정'이라는 점에 입각하여 '가정용 로봇산업의 미래'를 주제로 설정하였다.

이번 미래예측 실습에서는 '가정'이라는 카테고리 안에서 '로봇'의 역할과 그 관련 산업에 대한 미래를 예측하고 관련 미래전략을 도출하고자 한다.

3. 주제 관점의 전환

초기 설정한 가정용 로봇산업에 대한 관점은, 일하는 여성들의 고충을 들어주고 더 이상 여성의 문제만이 아닌 사회 전체의 문제로 함께 해결해

야 할 양육 등을 해결하는 데 일조하고자 육아를 돕는 '가정용 로봇'을 생
각하였다.

 2015 일·가정양립 지표

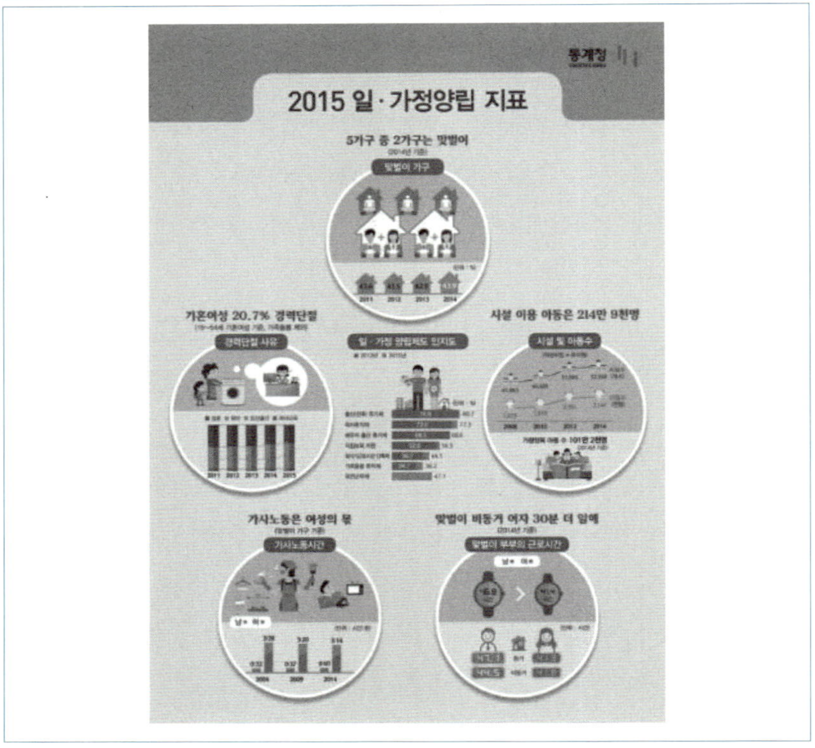

하지만 '2015 일·가정양립 지표'를 살펴보면 맞벌이 가구 남성의 가사노
동 시간이 다소 늘었지만, 여전히 여성이 남성의 5배 수준의 가사노동을
하는 것으로 나타났다. 통계청은 이런 내용을 담은 '2015 일·가정양립 지
표'를 발표하였다.

지난해 10월 기준으로 배우자가 있는 가구의 43.9%에 해당하는 518만
6,000가구는 맞벌이 가구였다. 지난 2011년 43.6%이던 맞벌이 가구 비율

은 2012년과 2013년 각각 43.5%와 42.9%로 줄어들다가 지난해 1%포인트가 높아지며 상승세로 바뀐 것이다.

나이별로는 40~49세 맞벌이 가구 비율이 51.8%로 가장 높았다. 맞벌이 가구 남성의 가사노동 시간은 5년 전보다 3분이 늘어난 것으로 나타났다. 여성의 가사노동 시간은 6분 줄었다. 하지만 절대 시간으로 보면 남성이 40분을 가사노동에 쓴 반면 여성은 거의 5배에 달하는 3시간 14분을 가사노동에 쓰고 있었다. 가사노동을 공평하게 분담해야 한다고 답한 사람이 47.5%였지만, 실제 이렇게 행동한 남편은 16.4%에 불과하였다.

보육 분야를 보면 어린이집은 줄고 유치원은 늘어난 것으로 나타났다. 어린이집은 4만3742곳으로 28곳이 줄었다. 이 중 국공립이 차지하는 비중은 여전히 5.7%에 불과하였다. 유치원은 148곳 늘어난 8,826곳이었고, 어린이집과 유치원 등 전체 보육시설을 이용한 아동은 214만9,000명으로 전년보다 4,000명 늘었다.

휴가와 휴직 관련 조사 내용을 보면 육아휴직자는 여성과 남성이 모두 늘어나는 추세였다. 지난해 여성 육아휴직자는 전년보다 6,089명이 늘어난 7만3,412명이었고, 남성 육아휴직자도 3,421명으로 1,128명이 늘었다. 육아휴직을 사용한 사람 10명 중 6명은 계속 직장을 다닌 것으로 분석됐다.

노동시간을 보면 주당 평균 근로 시간은 남성이 46.2시간으로 여성보다 5.6시간 더 일하는 것으로 나타났다. 자녀가 어릴수록 남녀 간 근로시간 격차가 커지는 모습을 보였다. 6세 이하 자녀를 둔 경우 남녀 간 근로시간 격차는 13.5시간에 달하였다. 지난해 기혼여성의 고용률은 전년보다 0.9%포인트 높아진 59.3%였다.[1]

앞서 기사에도 나타난 바와 같이 한국 남성의 가사노동 시간은 45분인

---

1 매일경제, 「남성 가사노동, 5년 전보다 3분 늘어… 여성이 5배 더 일해」 2015.12.07.

반면, 여성은 거의 5배에 달하는 3시간 14분을 가사노동에 사용하고 있다. 이처럼 일과 가정을 양립하는 문제는 점점 사회문제로 대두하고 있다. 과거 남성은 사회생활을 하고 여성은 가정에서 양육을 담당하였으나 현대에는 맞벌이가 일반적이다. 더욱이 가정이 핵가정화되면서 아이를 안심하고 맡길 곳도 없고, 그 비용도 대단히 높은 편이다. 과거에는 아이의 양육이 한 가정의 몫이라고 생각하였지만, 점점 사회의 문제, 국가의 문제로 인식이 달라지고 있다.

2011년 보건복지부가 실시한 설문조사에 따르면 전체 응답자의 91.1%는 고령화를, 86.6%는 저출산을 심각한 사회문제로 여기고 있다. 아울러 저출산에 대하여 응답자의 70.6%가 우리 사회가 자녀를 낳고 기르는 일을 권장할 만한 조건을 제공해주지 못하고 있다고 응답하였고 60.2%는 자녀 양육에 대한 경제적 부담을 저출산의 원인으로 여기고 있다는 사실에서 우리 사회의 저출산 문제는 매우 심각하다. (저출산과 관련된 인구 문제는 이광형 교수님의 수업 내용에서도 다뤄진 바 있음)

이러한 저출산 문제는 여러 가지 요인의 복합으로 나타나는 사회현상이지만, 주로 일과 가정의 양립의 어려움이 주요 원인으로 지적된다. 이러한 문제를 해결하고자 정부의 여러 가지 보육정책에도 불구하고 여전히 일과 가정의 양립이나 출산율을 높이는 데는 크게 기여하지 못하고 있다. 현재 대한민국의 출산율은 1.2명 정도이다. 한 국가가 유지되려면 출산율이 2.1명 이상이 되어야 한다. 더욱 심각한 것은 저출산으로 인해 우리나라의 고령화가 유례가 없을 정도로 빠르게 진행되고 있다는 것이다. 프랑스가 고령화 사회에 진입하는데 115년, 미국은 73년, 일본은 24년이 걸렸으나 우리나라는 고작 18년밖에 걸리지 않았다. 이러한 저출산 현상이 우리나라의 현주소를 적나라하게 보여주고 있는 것이다.

이러한 사회 현상 속에서 여성만의 문제가 아니라 남녀 모두, 사회 전체의 문제로, 저출산 문제와 고령화 문제를 완화하는 데 일조하는 육아 문제 해결에 기여하고자 연구의 한 방향으로 '가정용 로봇'을 선정했다.

03 휴보, 그후…

Ⅱ. 미래예측

1. 문제정의

미래예측을 하는 데는 어떤 문제를 다룰 것인지에 대한 문제정의 선정이 가장 중요하다. 따라서 가장 먼저 문제정의 설정이 선행되어야 한다.

첫 번째로, '어떤 문제를 다룰 것인가'가 중요하다. 관심도가 높은 주제인지와 현재 우리 사회에 적합한 주제인지를 고려하여 주제를 선정하여야 한다. 두 번째로 주제를 선정할 때 고려할 사항은 해당 주제가 '어떠한 메시지를 전달할 수 있을 것인가'이다. 이러한 과정을 통하여 현시점에서 시의적절한 문제를 정확하게 선정할 수 있다.

프로젝트의 목적은 가정용 로봇의 미래예측이다. 육아 문제를 해결하는 방법으로 가정용 로봇의 미래를 예측해 보았다. 육아를 담당하고, 가정의 한 구성원으로서 가정 전반의 가사 노동을 지원하는 용도로 2025년 미래의 가정용 로봇을 예측해 보았다. 특히 가정용 로봇이 등장함으로써 로봇 사용자, 가족 구성원, 로봇 장비 관계자, 정부 등 여러 구성원 간의 이해관계가 발생하게 되고 이해관계자들의 이익을 도모하고 갈등을 해결할 수 있는 제도와 정책적인 뒷받침 역시 함께 발전해야 할 것이다.

따라서 이에 관련한 조사와 탐구를 위해 정책자료, 국가기관 보고서, 신문기사, 논문, 특허, 법령 등 문헌자료를 토대로 데이터와 정보들을 수집하였다. 가정용 로봇의 미래예측 방법으로는 3차원 미래예측법, SWOT 분석, 시나리오 분석 등을 사용하였다.

미래를 보는 7개의 시선

분야	내용
1. 프로젝트 목적	15년 후의 남북 관계를 예측하고, 통일 대한민국을 만들기 위한 미래전략 수립
2. 사용자 및 용도	– 사용자 : 남북 관계 업무 종사자(정부, 기업, 민간 단체 등) 및 개인 – 용도 : 향후 남북 관계 업무 수행 시 참고 자료, 통일 준비 세대를 위한 이해 자료로 활용
3. 자원(기간 및 예산)	– 기간: 2015. 09. 12 ～ 2015. 11. 28 (총 11주) – 예산: N/A
4. 예측대상 시간범위	2030년 (향후 15년 후)
5. 프로젝트 참여자	– 기본 팀 구성: 김혜경, 이규철, 최은경, 호효림 – 설문조사 참여: 관련 공공기관, 연구기관, 대학, NGO 등 남북관계 전문가
6. 이해관계자	국내 통일 관련 정부 기관 및 기업, 개인
7. 데이터 활용 여부	통일 관련 기사, 기관보고서, 정부 정책 자료 등
8. 예측방법, 결과통합 방법	Trend Analysis, 텍스트 마이닝, 정부 정책 분석, 이해관계자 및 전문가 인터뷰, 온라인 설문조사, 시나리오 기법, 3차원 미래예측법 등
9. 소통(사용자, 이해관계자)	이메일을 통한 정보 공유 및 소통
10. 결과물(실행, 유지보수)	관련 학회 및 포럼의 주제 발표, 대중의 이해를 위한 기사로 활용

2. 관련 요소 추출

1) STEPPER

미래예측을 위한 다음 목표는 육아 문제, 즉 '가정용 로봇'을 사회, 기술, 환경, 인구, 정치, 경제, 자원(STEPPER)에 비추어 관련 요소들을 찾아내는 것이다. 문제와 관련된 모든 요소를 찾음으로써 브레인스토밍이 가능해지고 이를 통해 어떤 분야에 어떤 요소가 작용하는지 파악할 수 있게 된다.

사회적인 측면에서 로봇기술의 발달은 사람들의 인식을 변화시킨다. 특히 의식주를 비롯한 라이프 스타일이 변화함으로써 자동화에 익숙해지고 더욱더 편리한 생활과 높은 삶의 질을 추구하게 된다. 이러한 사람들의 요구를 맞춰줄 기술은 바로 Ubiquitious를 기반으로 한 인공지능 로봇이다. 소비자들의 필요에 따라 변화할 수 있는 Open & Customized Learning이 중요하다.

기술적인 측면에서는 뇌신경과학, 인지컴퓨팅, 지능화 시스템, 인지 로보틱스 등의 기술이 필요하며 가족의 한 구성원으로서 육아를 담당하기 위해선 인간과의 감정 교류를 가능하게 하는 감성공학 등 인문학과 기술의 융합이 필수적이다. 따라서 핵심동인은 바로 High Tech와 High Touch이다.

가정용 로봇의 수요가 많아질 수밖에 없는 이유는 바로 인구 문제에 있다. 인간의 수명은 계속 늘어나고 있지만 고령화, 저출산으로 인구는 계속해서 줄어드는 사회에 가정용 로봇은 가정의 육아 문제뿐만 아니라 기타 연쇄적인 문제까지도 해결할 수 있는 수단이다.

정치적인 측면에서 가정용 로봇은 많은 논의가 필요하다. 로봇을 하나의 제조품으로 보아야 할 것인지, 혹은 법인격을 부여할 것인지 등의 문제가 있다. 특히 오늘날 애완견이 하나의 가족 구성원으로 인정받으며 애완견에게 재산 상속이 이뤄지는 사례가 있음을 고려할 때, 로봇이 미래 사회에서 차지하는 역할이 커질 경우 로봇에 대한 상속이나 로봇과의 결혼, 참정권 부여 문제까지 논의될 수 있다는 예측들이 있다.

로봇에 대한 법인격 부여라는 철학적, 이념적 논의에 앞서 현실적으로 로봇을 사용할 경우 발생할 수 있는 안전문제나 로봇 관련 사고 시 법적 책임에 대한 논의 역시 아직 미흡한 것이 현실이다. 인공지능을 갖춘 로봇의 경우 로봇의 착오 및 결함으로 사고가 발생했을 시 이에 대한 법적 책임은 과연 누가 지는 것인가. 로봇을 만든 제조업체의 책임인지, 혹은 로봇을 판매한 사람의 책임, 혹은 로봇을 소유한 사람의 책임인지 등 아직

미래를 보는 7개의 시선

법적 책임의 기준이 마련되지 않았다. 또한, 로봇의 AI에 공통으로 적용할 수 있는 합의된 윤리 기준이나 판단 기준에 대한 사회적인 논의 또한 이제 시작 단계이다.

마지막으로 경제 및 환경 자원의 측면에서 살펴보면 인지과학융합 산업의 도래로 이로부터 파생하는 경제효과와 더불어 고효율 생산소비를 이끌어낼 수 있을 것이다.

표 1 STEPPER를 활용한 관련 요소 추출

7대 변수	미래변화 핵심동인 세부 구성요소
Society 사회	문화, 역사, 교육, 건강, 복지, 언론/미디어, 통신/교통인프라, 소셜미디어(SM), 사회안전, 사회보장, 정보/사생활 보호, 게임/오락/관광, 패션/스타일, 정의/평등/신뢰/부패, 사회갈등, 개방성/폐쇄성 등
Technology 기술	과학/수학, 공학, 연구개발, 혁신, 지식재산, 창업/벤처, 기술경영, 도시, 정보통신/사이버, 의료/바이오, 국방기술, 교통기술, 사회기술, 문화기술 등
Environment 환경	재난, 재해, 기후변화/온실가스 발생, 환경오염, 환경보전, 지형/지질, 육지/해양 생태계, 생물종 다양성, 공장/토지/해양 이용 등
Population 인구	인구 수, 인구 분포, 노동력, 고용, 실업, 소비, 생산력, 출산, 고령화, 음식, 기아/비만, 주택, 동물 등
Politics 정치	정치체제, 정당, 지배구조, 정치리더십, 법/행정/제도, 시민참여/이해집단, 전략/정책, 국제관계/주변외교, 남북관계, 영토분쟁, 역사문제, 국방/국가정보/사이버안보 등
Economics 경제	산업구조, 농업/제조업/서비스업, 제조/유통/물류, 무역, 금융, 재정, 예산/기획, 보험, 세금, 성장률, GDP/GNP, 빈부차, 생활비 등
Resources 자원	지하자원, 에너지, 전기, 수자원, 해양자원(대륙붕, 메탄하이드레이트), 에너지 안보 등

※ **Politics 부분 수정** ▶ 로봇 안전기준, 윤리기준 및 법적 책임 등 로봇 관련 제도 법제화
핵심동인 : 정부/관련 기업/전문가 집단 협의를 위한 정책적 지원

※ **수정 이유** ▶ 미래예측 시점이 2025년인 점을 고려하면, 로봇의 법인격 문제까지 논의될 가능성은 희박하고, 오히려 활발한 로봇 제조와 사용이 가능하도록 법적 안정성을 주는 관련 법제도 정착을 위한 시기로 생각됨

2) 교차영향분석 & 미래바퀴 융합적용

앞서 살펴본 STEPPER 관련 요소 추출 방법으로 주어진 문제와 관련된 요소를 파악하여 문제정의를 설정할 수 있었다. 7개 요소에서 주어진 문제의 변화를 유발하는 핵심동인(driving force)을 찾게 됨으로로써 예측결과를 기술하는 키워드를 구체적으로 수립하였다. 특히 비전의 달성 여부를 점검함으로써 원하는 미래를 만들기 위한 전략, 계획 등을 수립할 수 있게 되었다.

교차영향분석(Cross Impact Analysis)은 다양한 변수(driving force)의 변화에 따라 상호작용하여 변화하는 양상을 예측하는 것으로서, 시간 변화에 따른 가능한 조합에 의하여 예측하는 분석이다.

미래바퀴(Futures Wheels)는 특정 사건의 발전과 그 영향을 예측하는 사고(thinking)를 도와준다. 상호 간에 영향을 받아 발전하는 요소를 명확히 하며 1, 2, 3차 순서로 도형화한다. 이는 브레인스토밍에 이용하기 좋은 방법이다. 상기 두 가지 방법인 교차영향분석과 미래바퀴 모두 미래예측법 중 패턴탐색형에 속한다. 본 프로젝트에서는 교차영향분석과 미래바퀴를 융합하는 방법을 사용함을 먼저 밝히는 바이다.

STEPPER를 통해 추출한 핵심동인을 '미래바퀴' 방법으로 핵심요소 간의 상호작용을 파악하였다. 미래의 한 Event(가정용 로봇)로부터 파생되는 영향을 파악해 특정 사건의 발전과 그 영향을 예측하는 사고를 하였고 그 결과, 영향을 받아 발전하는 요소들을 명확히 할 수 있었다. 로봇으로부터 파생되는 요소들을 보았을 때 가장 많은 상호작용을 보여준 High Tech와 High Touch를 발견할 수 있었고 이 두 가지를 핵심동인으로 결정하였다.

미래를 보는 7개의 시선

 '교차영향분석 & 미래바퀴' 융합의 브레인스토밍

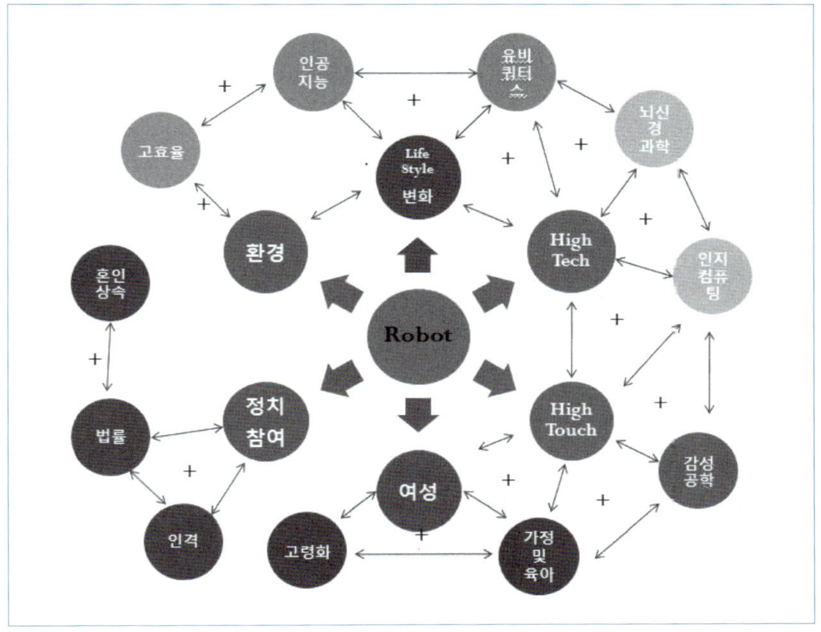

3. 핵심동인 결정

1) 핵심키워드 및 연관단어 도출

앞선 미래예측 과정을 통하여 '가정용 로봇의 미래' 핵심동인을 High Tech와 High Touch로 설정하였다. High Tech와 High Touch의 관점으로 가정용 로봇의 미래 두 축을 정하였고 이에 대한 키워드를 중심으로 핵심 요소들을 설정하였다.

High Tech에서는 뇌신경과학, 인지컴퓨팅, 지능화 시스템, 인지 로보틱 스 등의 핵심기술이 필요하다. 즉 인간의 생각을 읽고 스스로 상황과 환 경을 판단하여 각 상황에 맞게 행동할 수 있는 능력을 갖춘 로봇을 예측 한다. 그러나 고도의 기술 발전과 함께 High Touch, 즉 감성적인 부분이 함께 융합되어야 한다. 아직 로봇에 대한 거부감과 두려움을 느끼는 사회 분위기에 보조를 맞춰 로봇에 대한 사회적 인식이 함께 개선되고 오픈될 때 비로소 가정용 로봇이 인간에게 도움을 줄 수 있고 사회와 사람 또한 이를 거부감 없이 받아들일 수 있을 것이다.

따라서 인문학을 융합해 감성공학의 발전을 이루고 인간과 로봇 간의 소통, 그리고 더 나아가 친밀감을 형성해 가족 구성원으로서 가정환경을 구축하는 데 도움이 될 수 있는 가정용 로봇의 탄생이 필요하다.

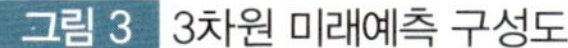

그림 3 3차원 미래예측 구성도

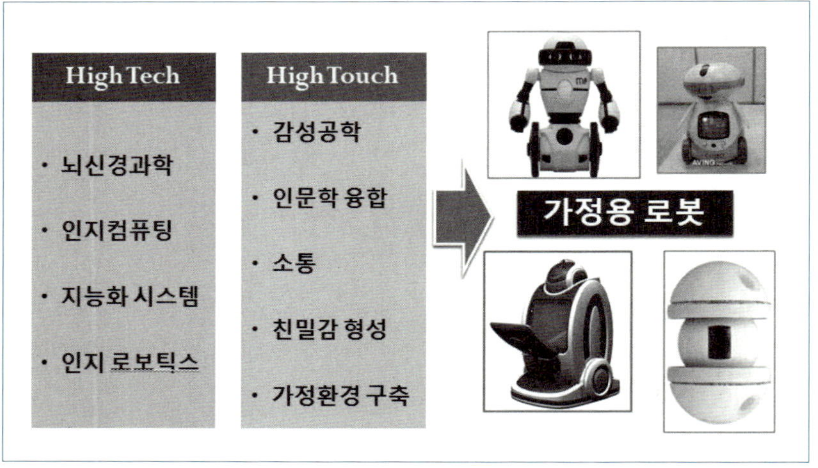

2) 문제분할 축 설정

핵심동인으로 도출된 Tech(기술) 및 Touch(감성)의 2개 축은 각각 미래전략에 대한 문제점을 분석하고 향후 방향성을 제시하는 기준관점으로 사용된다. 과거–현재–미래의 시계열적 관점에서 2T(기술 및 감성)의 축을 적용하면, 가로/세로 또는 양(+)/음(−)의 방향성을 가지게 되어 문제를 바라보는 관점을 제시하게 된다. 이를 통해 현상을 보다 효율적으로 분석하는 것뿐만 아니라 체계적인 미래 설정이 가능할 것으로 기대한다.

 핵심동인 2개 축으로 문제분할 관점 설정

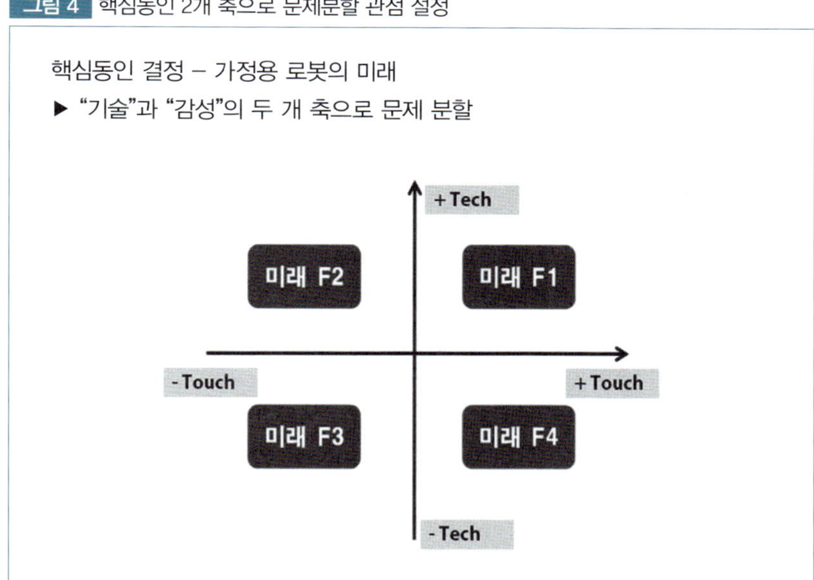

4. 예측작업

1) 시계열별 spec 분석

미래를 예측하려면 과거에서부터 현재까지의 현황을 검토하는 것이 중요하다. 따라서 로봇의 역사와 변천사를 시계열별로 분석하여 미래의 로봇을 예측하였다. 그동안의 정부정책 보고서, 기술 로드맵 보고서, 기사보도 자료 등을 통해 앞으로 미래에는 감성로봇이 필요할 것이라는 예측 결과를 도출할 수 있었다.

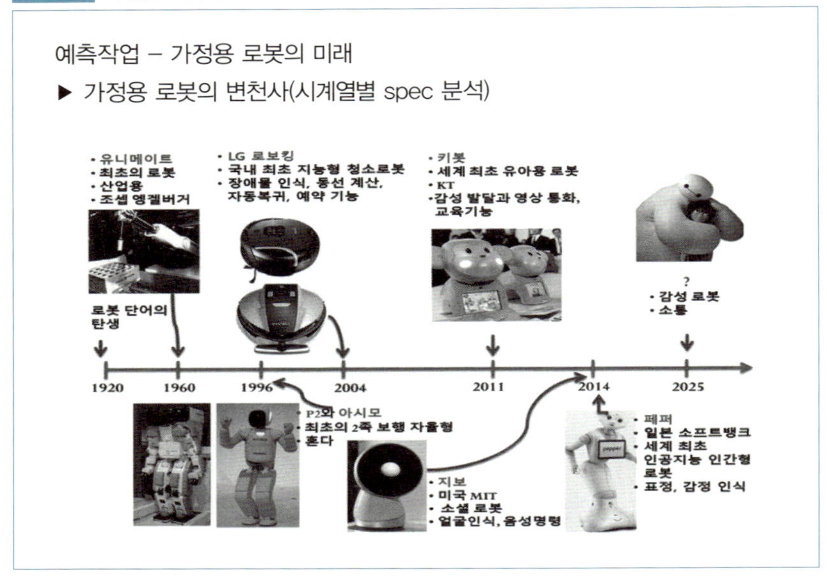

‘로봇’은 사람과 유사한 모습과 기능을 가진 기계 또는 스스로 작업하는 능력이 있는 기계를 말한다. 로봇은 반복적이고 위험한 노동에서 인간 노동력을 대신하기 위해 고안되었다. 로봇의 최고 단계는 스스로 생각할 수 있는 인공지능과 몸을 결합한 것이라고 예상된다.

로봇이라는 단어가 처음 등장한 것은 1920년대이다. 1921년 체코의 소설가 카렐 차페크(Karel Capek)의 희곡 『R.U.R (Rosuum's Universal Robots)』에서 처음 ‘로봇’이란 용어가 등장한 이래로 산업용 로봇에서 휴머로이드의 등장까지 로봇은 많은 변화를 해왔다. 1959년 유니메이트社에서 조셉 엥켈버거 등에 의해 최초의 산업용 로봇이 만들어졌고, 1974년 신시내티社에서 최초로 컴퓨터로 제어되는 산업용 로봇 T3가 출시되었다. 1997년 일본의 혼다社에서는 최초로 계단을 오르는 인간형 로봇 P2를 발표하여 휴머로이드의 등장을 알리게 되었다. 1990년대 말부터 외부 환경을 판단하고 스스로 행동하는 애완로봇이나 탐사로봇, 감정표현로봇 등 지능형 로봇이 등장하게 되었다.

인문학적인 관점에서 살펴보면, 체코의 소설가 카렐 차페크가 1921년 희곡『R.U.R』에서 처음으로 로봇이라는 말을 사용했다. 로봇의 어원은 체코어의 노동을 의미하는 단어 'robota'다. 로봇은 인간이 해야 하는 특정한 노동을 대신 수행하도록 만들어졌다. 그런 로봇이 자신의 창조주에 반역해서 인간을 몰아내고 자신들의 세상을 만든다는 내용이『R.U.R』의 줄거리다. 로봇에 대한 희망과 불안이 이런 유의 문학 작품 속에 숨어 있다. 미래의 새로운 인간이 로봇이고 인간은 불완전한 로봇이고 완전한 기계인 새로운 로봇이 인간을 대체한다는 것이 이 희곡의 주제였다.

유명한 SF 작가 아이작 아시모프(Asimov)는 1950년에 발간한『아이 로봇(I Robot)』에서 로봇의 행동을 규제하는 세 가지 원칙을 제시했다. '① 로봇은 인간에게 해를 끼쳐서는 안 되며, 위험에 처해 있는 인간을 방관해서도 안 된다. ② 로봇은 인간의 명령에 반드시 복종해야 한다. ③ 로봇은 자기 자신을 보호해야만 한다.'

이러한 로봇의 3원칙은 인간중심주의 모습을 보여 준다. 로봇 3원칙에는 인간과 로봇 사이에 주종의 관계가 설정되어 있다. 로봇이 이러한 원칙을 거부할 때 인간과 로봇 간에는 심각한 모순과 긴장 상태가 발생한다. 종종 로봇은 이러한 세 가지 원칙을 준수하지 않고 인간에 적대하는 행동을 보여 준다. 로봇에 대한 인간의 공포는 아서 클라크(Arthur C. Clarke)의 동명 소설을 영화화한 스탠리 큐브릭(Stanley Kubrick) 감독의「2001: 스페이스 오딧세이(2001: A space odyssey)」에서 잘 나타난다.

HAL9000은 원래 인간이 짜놓은 작동 프로그램대로 움직여야 하는 로봇 컴퓨터인데, 이를 거부하고 자기 마음대로 새로운 명령을 처리하고 회로를 조정한다. HAL9000은 인간의 통제를 거부하고 스스로 자율적으로 움직인다. HAL9000은 인간의 통제에서 벗어나 인간에 대항하거나 명령과 통제를 거부하는 로봇이자 인공지능의 미래상을 보여 주는 사례다.[2]

　지능형 로봇이란 외부환경의 변화를 인식하고 스스로 상황을 판단하고 자율적으로 동작하여 인간과 상호작용하는 로봇으로 교육, 의료, 실버, 국방, 해양 등 다양한 분야와 로봇기술의 융합 복합화를 통해 지능화된 서비스를 창출하는 로봇을 말한다. 지능형 로봇은 외부 환경을 인지해 상황 판단을 하고 자율적 동작을 전개할 수 있어야 한다. 몸과 로봇의 상동성이 중요한 이유는 로봇이 인간 노동의 대체물에서 출발했기 때문이다. 로봇공학은 인간과 기계 간의 인터페이스를 확보하는 것으로서 인공감각기관과 인공지능을 기계의 몸과 결합시키는 것이다.

　로봇공학은 자연과 기계의 인터페이스 문제, 곧 감각센서를 통한 외부환경의 인지(인공지능)와 자율적 동작(모터)을 해결해야 한다. 동작 부분은 산업혁명 이후 기계공학이 발전하면서 많은 기술이 축적된 분야다. 로봇이 최초로 응용된 곳도 생산 기계 분야다.

　로봇의 실용화는 로봇 손, 용접 로봇 등 특정화된 기능을 담당하는 인간 몸의 확장과 대체물에서 시작되었다. 용접하는 로봇 팔, 무거운 물건을 드는 기중기, 세밀한 조립을 담당하는 로봇 손가락 등은 인간 몸이 갖는 힘과 용도를 확장했다. 한편, 센서 분야는 기계의 보는 능력과 듣는 능력이 관련된 분야다. 자동제어 분야에서 센서기술이 발전해 왔다. 로봇공학에서는 감각과 동작을 연결하는 인지 분야의 발전이 중요하다. 센서와 동

2　Karel Capek(2001) 『Rossum's universal robots』(조현진 역, 2010, 『로숨의 유니버설 로봇』, 리젬) [네이버 지식백과] 로봇(컴퓨터 역사, 2013. 2. 25., 커뮤니케이션북스)

작을 자연스럽게 연결하는 방식 또한 연구개발이 요구되는 분야다.

로봇공학은 기계와 인간의 공동진화(coevolution)를 꿈꾼다. 로봇공학을 통해 기계가 인간을 발전시키고, 인간이 기계를 진화시키는 현상이 나타난다. 그러나 반대로 로봇공학의 결과로 영혼이 기억으로 대체되고, 기술 체제의 자동성과 주체성이 커지면 로봇과 인간의 대립과 갈등이 나타날 수도 있다.

로봇이 더욱 진전하면 사이보그(cyborg)라는 인간—기계의 복합체로 확장될 수 있다. 로봇이 스스로 생각하고 운동할 수 있는 기계를 대표한다면, 사이보그는 유기적인 것과 기계적인 것이 결합한 것을 말한다. 유전공학으로 DNA 복제를 통해 만들어진 장기 또는 생명체와 기계의 결합이라든지, 여기에 어떤 디지털 통제 회로(cybernetics)가 결합한 것이 사이보그다. 기계 복제와 디지털 복제, 유전자 복제(DNA)가 결합해서 새로운 자율적 기계를 만들어내는 것이 사이보그다. 이를 통해 인간은 기계화되고 기계가 인간화되는데 이를 인간과 기계의 '공동 삶(symbiosis)' 혹은 '공동 진화'라 한다.

생각하는 사물(인공지능)과 스스로 움직이는 몸이 결합하면 인간의 조작과 통제에서 벗어난 독립된 주체로서의 로봇이 가능하게 된다. 그 과도기에 인간과 결합하는 디지털 회로나 보철물, 인공장기 등이 인간의 주체의식, 정체성도 변하게 할 것이다. 미국의 사회학자 하라웨이(Haraway)는 이러한 현실에 주목해 "우리는 모두 사이보그다"라는 선언문을 쓰기도 했다.

2010년 국내 로봇시장 규모는 생산액 기준 1조7,848억 원으로 '09년 대비 (1조202억 원) 74.9%가 증가하였고 '05년 이후 연평균 45.5% 증가하는 성장률을 보인다. 로봇산업에서 가장 많은 생산액을 차지하는 부분은 제조업 로봇 부분으로 2010년 기준 1조4,111억 원의 생산액을 기록하였다.

하지만 전년 대비 특히 두드러진 성장률을 보인 부분은 전문서비스용 로봇으로 '09년도 대비 562.2%의 성장을 기록하였다. 또한, 개인서비스용 로봇의 성장률도 제조업용 로봇의 수치를 웃도는 185.6%를 기록하였다. 로봇산업의 구조가 기존의 산업현장에서 조립, 용접, 도장 등을 수행하는 산업용(제조용 로봇)에서 지능형 서비스 로봇으로 무게 중심이 옮겨지고 있음을 알 수 있다.

단순 반복 작업을 주로 수행하는 산업용 로봇에서 지능형 로봇으로 발전함에 따라 스스로 외부환경을 판단하고 행동하기 위한 환경인식기술, 센서기술 및 여러 가지 복합적인 기술이 적용되었고, 이로 인해 소프트웨어도 점차 복잡해졌다. 스마트폰과 자동차산업과 같이 소프트웨어의 복잡도 증가에 따른 개발비용을 감소시키고, 재사용성 확보와 신뢰성을 확보하기 위하여 2000년대 초반부터 로봇용 플랫폼을 개발하기 시작하였다.

일본과 유럽의 경우 우리나라와 유사하게 정부 주도의 지능형 서비스 로봇 소프트웨어 개발이 활발하게 진행되고 있으며, 미국의 경우 거대 시장과 수요를 바탕으로 다양한 로봇 소프트웨어 플랫폼이 개발, 상용화되었다.

특히 2011년도에는 한국의 KT가 세계 최초 유아용 로봇을 탄생시킴으로써 육아와 가정을 위한 로봇의 첫 시발점을 열었다. 또한, 2014년과 2015년에는 각각 일본의 페퍼와 미국 MIT의 지보가 출현했다. 이 두 로봇은 세계 최초 인간형 로봇으로서 사람의 얼굴은 물론 표정과 감정까지 읽고 소비자가 원하는 요구를 잡아내 스스로 수행한다.

따라서 2025년도에는 인간의 자연어를 구사하고 감정을 나눌 수 있는 로봇, 감성로봇으로서 인간과 소통하고 가족의 구성원으로서의 역할을 할 수 있는 정도의 로봇을 예상한다.

2) SWOT 분석 & 시계열 분석 융합적용

시계열 분석으로 2025년도의 로봇 미래를 예측한 결과, 인간과의 소통이 가능한 감성로봇으로서의 가정용 로봇을 생각하였다. 따라서 가정용 로봇의 미래에 대한 SWOT 분석을 적용함으로써 현재의 관점에서 바라보는 가정용 로봇 그리고 미래의 관점에서 바라보는 가정용 로봇의 강점(strength), 약점(weakness), 기회(opportunity), 위협(threat)을 분석하였다.

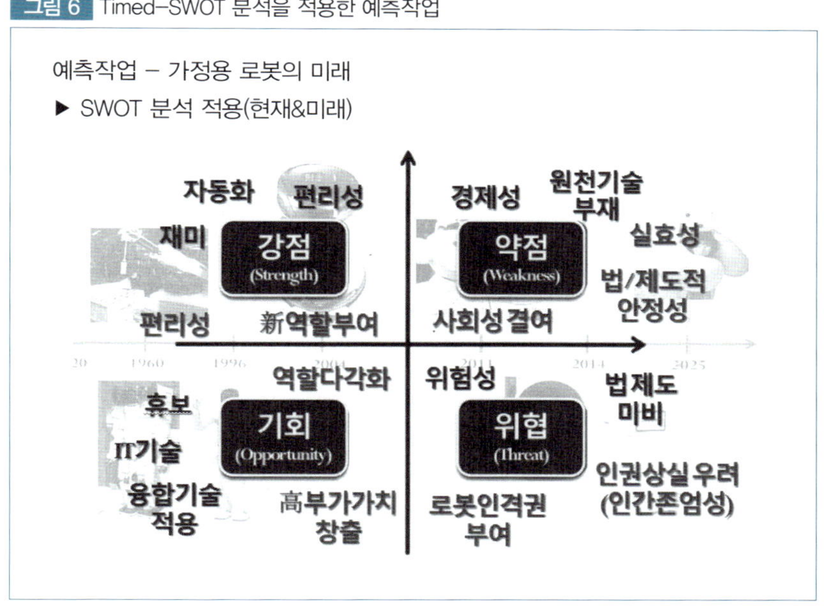

현시점에서의 강점은 우선 '재미', 즉 유흥의 측면이 강하다. 아이들이 가정용 로봇을 장난감으로 인식하는 경우가 많고 사람들이 호기심과 유흥을 목적으로 구입하는 경우가 많다. 또한, 아동에게 책을 읽어주거나 노래를 들려주고 부모와의 화상통화 연결 등의 자동화로 인한 편리성도 가정용 로봇이 가진 강점 중 하나이다.

03 휴보, 그후…

약점은 가정용 로봇을 순수 국내 기술로 제작하지 못한다는 점에서 원천기술의 부재를 꼽을 수 있다. 그렇다 보니 수요와 공급이 활발하지 않아 높은 가격으로 판매되고 있는 점이 약점이라고 할 수 있다.

현시점에서 가정용 로봇이 가지고 있는 기회는 바로 휴보를 떠올릴 수 있다. 카이스트에서 제작한 휴보는 'HUBO'는 휴머노이드(humanoid)와 로봇(robot)의 합성어로, 2004년 12월 카이스트 기계공학과 오준호 교수팀이 개발한 한국 최초의 두 발로 걸을 수 있는 인간형 로봇이다. 휴보는 2015년 6월 5~6일 미국 캘리포니아에서 열린 미국 국방부 산하 방위고등연구계획국(DARPA) 로봇공학 대회에서 로봇 강국인 미국과 일본을 제치고 1위를 기록했다.

휴보가 참가한 DRC는 미국 정부가 일본 후쿠시마 원전 사고 발생 후 로봇을 재난 현장에서 활용하기 위해 개최한 대회다. 휴보는 이 대회에서 우승하면서 세계 최고의 재난 로봇이라는 타이틀을 얻게 되었다. 휴보의 우승으로 한국은 로봇기술의 변방국이라는 오명에서 벗어나 미국, 일본 등의 로봇기술 선진국과 어깨를 나란히 할 수 있게 됐다. 이런 점은 현시점에서 매우 중요한 기회라 생각하는 바이다. 특히 한국의 강점인 IT 기술 등 여러 과학기술을 접목하여 융합기술의 발전을 꾀하는 것 역시 기회로 잡아야 할 것이다.

현시점에서의 위협은 로봇에 대한 법제도 미비와 지원 부족, 아직 충분하지 않은 기술로 인한 위험성 등이 있다. 특히 현재 한국 정부는 2008년 이후, 로봇 관련 법제화 논의에 대한 지원이 중단된 상태이며 당연히 이에 대한 법제도 역시 연구되거나 제정되지 않고 있는 것이 현실이다. 이러한 점은 가정용 로봇에 대한 위협적인 요소로 이를 극복하는 것이 시급하다.

미래 시점에서의 가정용 로봇의 강점은 새로운 역할 부여가 가능하다는 점이다. 제조품, 장난감에서 벗어나 새로운 역할을 부여됨으로써 가족 구성원으로서 활동할 수 있고 소비자들은 보다 질 높은 편리함을 누릴 수 있게 된다.

반면 미래 시점에서의 약점은 우선 사회성 결여의 문제이다. 로봇이 새로운 역할을 부여받게 되면서 가정용 로봇과 함께 자라나는 아동에게 어떤 영향을 끼칠 것인지에 대한 논의가 필요하다. 감성로봇이 탄생하더라도 인간을 100% 대체할 수 있을 것인가에 대한 의문점과 인간의 기능을 100% 대체하더라도 감성과 인성이 형성되는 중요한 시기인 유아기의 정서 발달에 로봇의 역할은 분명 한계가 있을 것이다. 따라서 아이들의 사회성 결여에 관한 문제 해결 방안이 필요하다. 뿐만 아니라 가정용 로봇에 대한 법과 제도의 안정성 문제 그리고 제정된 법의 실효성 문제도 약점 중 하나이다. 따라서 관련 법률에 대한 연구와 사회에서 실제로 적용되었을 때 제대로 효과를 발휘할 수 있는지, 실효성이 제대로 지켜지는지에 대한 샘플링 연구 등이 지속해서 이뤄져야 한다.

미래 시점에서의 기회는 바로 역할다각화를 비롯한 고부가가치 창출이다. 가정용 로봇이 등장함으로써 이에 관련한 다양한 기술과 경제적 효과 등의 가치가 새롭게 창출될 것이다. 이는 미래 산업의 중요한 요소로 작용할 것이다.

마지막으로 미래 시점에서의 위협은 로봇에게 인격권을 부여함으로써 발생하는 인간 존엄성 문제이다. 인간을 대체할 수 있는 새로운 주체인 로봇이 등장함으로써 인간에 대한 가치가 폄하되고 로봇이 인간을 대신할 수 있다는 점에서 현 인류가 지금까지 지켜온 인간의 존엄성이 훼손되는 문제가 발생할 것이다. 인간의 가치와 로봇의 가치가 동등해지면서 로봇이 인간보다 우월해질 위험성이 있으며 인간의 생명권, 기본권 훼손 등에 대한 심각성을 인지하지 못하게 되는 위협적인 사안이 있다. 따라서 무한정으로 로봇을 개발하기보다는 로봇을 제재하고 제한할 수 있는 법제도와 정책이 필요할 것이다.

3) 새로운 Talk 축 추가에 따른 키워드 분석

앞서 지금까지 연구한 기존의 High Tech와 High Touch, 즉 기술과 감성이라는 2개의 축에서 새로운 'Talk' 축을 추가하였다. 기존의 2개의 축만으로 미래를 예측하다 보니 새로운 'Talk' 축의 필요성이 제기 되었다. 'Talk' 축은 정책, 소통, 여론, 민원, 언쟁 등의 관점을 적용한 개념이다. 기술과 감성을 융합한 로봇이 탄생하는 것도 중요하지만, 이를 뒷받침해 사회에서 잘 작동할 수 있는 제도와 정책 마련이 필요하다는 것이다. 이를 위해선 정부와 국민 그리고 로봇산업 분야, 연구 분야 등 각 집단 간의 꾸준한 소통이 필요하다.

2007년 지능형 로봇 개발 및 보급 촉진법이 제정되었고, 당시 로봇 관련 윤리기준헌장 제정에 대한 논의가 이루어졌으나 2008년 이후 정부 지원 중단으로 관련 논의가 미비한 상황이다. 이후 최근 세계적인 추세에 따라 무인자동차가 등장하면서 국토교통부를 중심으로 초소형 자율주행자동차 관련 정책이 논의되고 있는바, 최근 해외에서 판매되고 있는 가정용 로봇이 증가하는 추세를 고려할 때 국내에서도 로봇 개발 및 보급 증가를 예상할 수 있다.

그러나 로봇을 자율성이 없는 기계로서의 로봇과 자율성이 있는 고도의 인공지능을 겸비한 로봇으로 구분한다면, 낮은 단계의 기계로서의 로봇은 결국 제조물로 보아 현재의 제조물 관련법에 포섭되는 방향에서 규제와 법이 논의될 것으로 예상된다. 좀 더 먼 장래에 실현될 것으로 보이는 고도의 인공지능 로봇은 인간과 유사하게 보아 법제도의 개편이 논의될 가능성 있으나 현재로서는 요원한 것으로 예측된다.

따라서 인공지능 로봇을 규범 짓고 규율할 수 있는 관련 법이 제정되어야 한다. 특히 사고 시 법적 책임 관련 정책적 논의가 필요하며 로봇 개발 및 사용 관련 윤리적 지침 논의, 그리고 먼 미래에는 인간과 유사한 지능, 감정, 소통 기능을 가진 로봇에 대한 생명권과 소유권 등 법인격 부여 논의가 더욱 필요하다. 최근 EU에서는 로봇의 사용에 관한 법적·윤리적 측면의 논점들에 대한 논의가 활발하게 이루어져서 로봇 관련 법안(RoboLaw) 마련을 위한 심의가 이루어지고 있고, 미국에서는 로봇 학대금지법안이 의회에 제출되기도 한바, 이는 국내에서도 로봇 관련 법제도 전반에 대한 논의가 필요함을 시사하고 있다.

5. 결과통합

1) 3차원 미래예측법에 따른 낙관적 시나리오 개발

주제를 선정한 뒤 미래예측 단계를 밟아오면서 문제를 정의하고 관련 사항들에 대한 이해도를 높인 뒤 중요 사항을 파악하였으며, 도출된 정보들을 가지고 미래를 예측하기에 이르렀다.

마지막 단계는 앞서 도출된 모든 정보와 지식을 통합하고 이를 통해 미래예측의 결과를 통합 및 도출하는 단계이다. 앞서 연구한 내용들을 충분히 아우르는 적합한 분석 툴을 설정하기 위해서는 단순함을 뛰어넘는 복합적인 분석 툴이 필요하였다.

3차원 미래예측법은 관심영역과 관련영역을 아울러 살펴보며, 그동안 수집한 데이터와 예측한 미래 환경을 충분히 반영하는 예측방법이라는 판단하에 결과통합의 방법으로 3차원 미래예측법을 사용하였다. 3차원 미래예측을 위하여 공간축과 영역축을 선택해야 했다. 우리는 앞서 Tech, Touch, Talk의 3T 관점에서 가정용 로봇산업의 미래를 바라보았기 때문에 이를 관련 영역으로 설정하였다. 아울러 '가정용'이라는 개념에 입각하여 공간부분을 개인, 가정, 사회로 설정하고 그 이유를 점진적으로 확대되는 관점에 따라 이해하였다. 이렇게 가로/세로축을 설정하고 2015년과 2025년의 시계열 관점에서 영역별 키워드를 정의하였다.

 '3차원 미래예측법 & 낙관시나리오'의 융합으로 결과통합

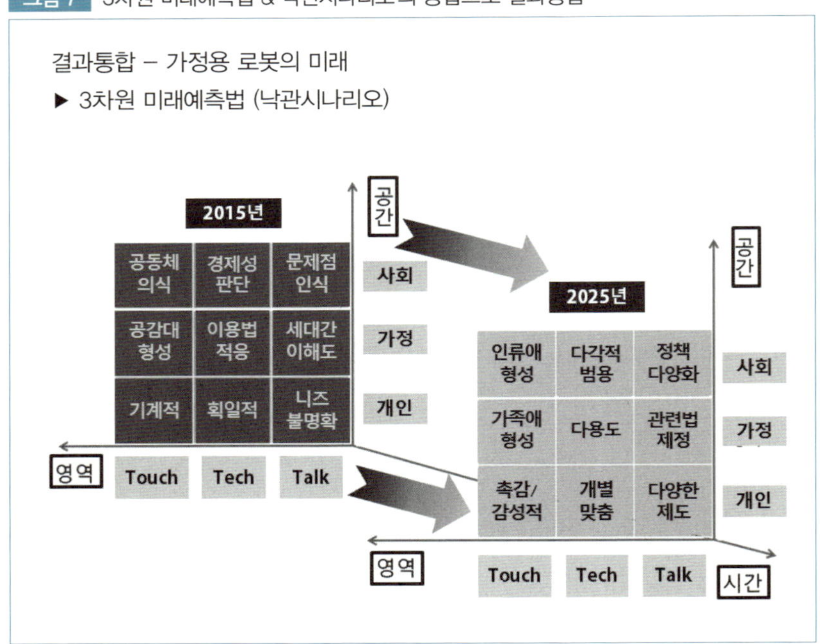

이때 우리는 시나리오 기법의 개념을 추가로 도입하였다. 시나리오 기법은 주어진 데이터와 범위 내에서 발생 가능한 상황을 전개하는 방법으로 중심 주제별로 미래영향을 주는 관련 요소를 추출하고 핵심동인을 도

출하여 이에 입각한 시나리오를 전개하는 방식이다. 시나리오를 설정하는 관점에서 긍정적, 부정적 등의 다양한 관점을 가지고 접근할 수 있는데, 우리는 로봇산업의 긍정적 영향과 가정용 로봇의 필요성과 삶의 질에 대한 기여 가능성, 그리고 앞선 브레인스토밍 과정과 연구 결과에 근거하여 '낙관 시나리오' 관점으로 2015년 데이터를 참고하여 2025년의 미래 영역 키워드를 도출하였다.

Touch 관점에서 2015년에는, 가정용 로봇에 대한 개인 공간의 이해는 단순 기계의 느낌이 강하고 가정적으로는 의지적 의미가 부여된 공감대 부분으로의 관계성, 그리고 사회적으로는 공동의 영역 가운데르만 인식되는 경향을 보였지만, 2025년에는 개인 부분에서는 촉감과 감정적 영역이 확대되어 진정한 감성을 자극하기에 이르고, 가정적으로는 가족의 구성원으로서 가족애에 기여하며, 사회적으로는 인류의 역할 부문까지도 영향력을 발휘하여 인류애 형성에 기여할 것이라고 예측하였다.

Tech 관점에서 2015년에는, 개인 공간에서는 로봇이 단순 획일적인 역할만을 수행하고 가정에서는 단순 이용하는 관점, 그리고 사희에서는 경제적으로 수익을 따지는 모델에 그쳤지만, 2025년에는 개인에게도 개별 맞춤화되는 기술이 발전하고 가정에서도 다양한 용도로서의 사용성과 로봇 참여성을 예측할 수 있었으며 나아가 사회적으로도 여러 분야에 로봇산업 미래 창출 가능성을 예측하였다.

Talk 관점(소통, 여론, 언론, 정책 등)에서 2015년에는, 개인 공간에서는 로봇과의 소통에 대한 인식이 부족하고 어떤 것이 이루어져야 하는지 모호한 상황이며, 가정적으로도 세대 간 이해 차이가 발생하며 사회적으로도 긍정적 측면보다는 문제점에 입각한 우려의 목소리가 제기되며 반신반의하는 반면, 2025년에는 개인적으로도 다양한 지원정책과 제도가 마련되고 그것이 실제 삶에 적용되며, 가정적으로도 세부 법 제정에 입각한 수혜를 누리며 사회적으로도 정책 다각화와 유연 적용을 예측할 수 있었다.

2) 3T 미래전략 수립

앞선 미래전략 수립단계를 거치면서, 기존 2T(Tech & Touch)에서 1개의 T축(Talk)이 추가되었다. 이러한 축의 설정 문제를 바라보는 관점을 제시하며 현상에 대한 명확한 이해를 돕고 나아가 미래전략 수립에 대한 올바른 방향성을 제시한다.

가정용 로봇산업에 대한 미래전망을 목적으로 시작한 본 미래예측은, 산업 분야에서도 3개의 축을 '기술·감성·소통'으로 설정하면서 시장·경제적 측면이 아닌 사회·문화적 측면으로의 분석 접근이 실현되었다.

기술(Tech) 분야에서는 로봇과 인간 두뇌와의 연결기술, 자연언어처리기술, 인간의 보조지원이 가능한 기술, 상황에 알맞게 자체 진화 및 최적화하는 로봇시스템기술 등을 미래전략으로 도출하였다. 향후 이슈기술인 ICT/IT 기술 등 다양한 기술 분야와의 융합을 통하여 로봇기술 분야 또한 지속해서 확장할 것으로 예상한다.

감성(Touch) 분야에서는 가족구성원 및 공동체 일원으로서의 로봇, 휴머노이드 로봇의 활성화, 인간 유사로봇으로서 감정 및 감각적 표현 능력을 갖춘 로봇 및 인터페이스 적용 부분을 미래전략으로 도출하였다. 공상과학영화에서나 보던 로봇이 친구가 되는 일이 실제 도래할 날이 머지않았다.

소통(Talk) 분야에서는 안전기준 및 로봇 관련 사고 발생 시 적용되는 법적, 제도적 정비가 체계적이고 세부적으로 실현됨으로써 더욱 안정적인 로봇 활용이 가능할 것으로 전망되며, 이러한 분야가 인간의 영역과 유사하

미래를 보는 7개의 시선

게 적용됨으로써 인간 윤리적 측면에서의 지침 합의가 필요할 것으로 예측된다.

또한, 커뮤니케이션 측면에서 해외의 경우 다양한 협회와 컨소시엄 체계를 통해 관련 산업과 지식의 교류가 활발한 것을 모델로 삼아 국내에서도 로봇산업에 대하여 산학연 등 다계 간 컨센서스 형성이 요구될 것으로 예측된다.

 3T 미래전략 수립 결과통합

Ⅲ. 새로운 이론 제안

'팔방미인^(八方未引)' 이론이란?

KAIST–MIP 1조는 '미래학과 미래예측' 수업시간에 배운 분석 방법들을 활용하여 미래를 예측하고 미래전략을 수립하는 과정에서 기존에 배운 두 가지의 방법을 개량·융합 및 확장함으로써 새로운 이론을 발견하게 되었다.

먼저, 미래전략 수립 단계에서 핵심동인을 설정하고, 이를 문제분할 축으로 설정하여 분석하는 과정에서 우리는 Tech와 Touch의 두 축을 설정하였다. 하지만 추가적으로 Talk 축에 대한 필요성을 느끼고 이를 추가로 문제분할 축에 적용하자, 기존에 2차원 평면상으로 도출되던 문제분할의 양상이 3차원으로 표현될 수 있었고, 3차원으로 표현된 문제분할 도형을 통하여 문제를 더욱 입체적이고 효과적으로 분석할 수 있음을 깨달았다.

나아가 기존 수업시간에 배운 '미래패턴'에 대한 이론을 적용할 수 있었는데, 이 이론은 미래전략 수립 과정에서 나타나는 미래현상의 양상을 '지속성장·몰락·조정·재도약'의 4가지로 구분하여 패턴화한 이론이다. 일반적으로 미래에 대한 양상은 4가지 패턴 중 하나로 나타나며 이를 활용하여 미래예측에 적용 가능하다는 것이다.

3개 축으로 설정된 정팔면체의 문제분할 양상에서 가운데 중심이 '현재'로, 그리고 4가지 미래패턴에서는 왼쪽의 원점이 '현재'로 인식될 수 있으며 시계열적 방향성은 정팔면체를 중심으로 사방으로 뻗어 가는 방향이며, 4가지 미래패턴에서는 오른쪽으로 향하는 방향이다. 특히 문제분할 축^(3개 축)에 의해 나타난 정팔면체는 +/−의 방향성을 가지고 긍정적 방향성과 부정적 방향성을 동시에 나타낼 수 있다.

 문제분할 3개 축의 정팔면체 & 4가지 미래패턴

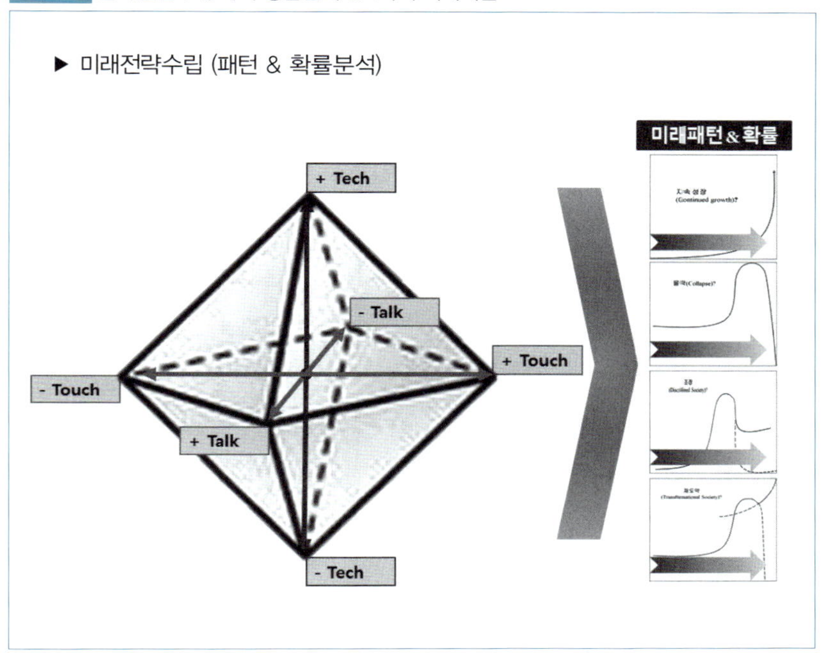

　‘미래’라는 관점에 따라 문제분할 축과 미래패턴 양상을 조합하였을 때 ‘전자구름모형’이 떠올랐다. 전자구름모형이란 원자 주위에 있는 전자의 위치를 수학적 함수로 표현하여 확률적으로 제시한 모형으로, 전자의 위치를 정확하게 표기하는 것이 불가능하기 때문에 원자핵 주위에 전자가 몰려있을 확률이 높음을 모형으로 나타낸 것이다.

　교수님이 3차원 미래예측법을 설명하면서, 시계열 축이 미래로 나아갈수록 그 실현 확률이 낮아진다는 점을 말씀하셨는데, 앞서 ‘3개의 축 분할’과 ‘미래예측 패턴’ 부분이 융합되면서 이것 또한 전자구름모형과 같이 확률적 개념으로 표현할 수 있겠다는 생각에 이르렀다. 가운데 중심을 ‘현재’로 두고 ‘문제분할 축을 적용한 정팔면체’와 ‘4개의 미래패턴’을 모두 적용 가능한 것이다.

 전자구름모형을 적용한 팔방미인이론

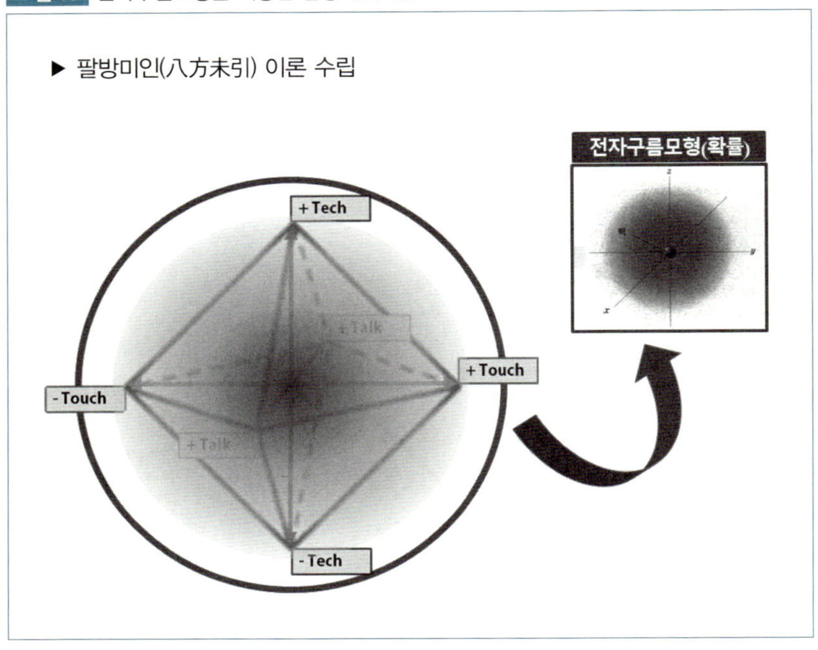

'미래예측'이라는 것은 사실상 현재를 중심으로 미래로 뻗어 가는 양상이고, 나아가 미래를 향해 나아갈수록 그 예측에 대한 실현 확률은 점점 희미해지는 것이다.

우리는 이러한 이론에 '팔방미인(八方未引)'이라는 이름을 붙였다. 미래에 대해서는 '8개의 방위(八方, 즉 전체의 방위를 의미함)에 대하여 그 실제를 예측하려고 해도 사실상 미래를 완벽하게 예측하기는 어렵다(未引, 끌어당길 수 없다)'는 것이다.

우리는 이러한 이론을 인정하고, 미래에 대한 정확하고 확률 높은 예측을 위하여 앞선 미래예측 방법을 효과적으로 적용하도록 노력할 것을 다짐하였다. 또한, 그동안 우리가 적용한 미래예측 방법들을 보완하고 점검하게 되었다.

 **참고문헌**

– 박휴용, 여영기, 「한국의 저출산 현상의 원인과 유아교육 보육 정책의 방향 분석」, 한국 영유아보육학 85, 2014년 3월

– 백선희, 「돌봄 책임의 사회화: 일하는 여성의 육아를 생각한다」, 참여연대사회복지위원 회, 월간 복지동향 2010

– 박광온 의원, 「저출산 문제의 원인과 해결방안_인구소멸 국가 1호 대한민국에 가장 필 요한 것」, 국회보 2015년 12월호

– 한국과학기술정보연구원, 「가정용 로봇」

– 산업자원부, 「RT 산업의 중장기 발전 비전」

– 월간 자동화 기술, 「지능형 로봇의 국내외 기술동향 및 전망」

– 특허청, 「신기술동향조사보고서」

– 전자부품연구원, 「가정용 로봇 산업 동향」

– [네이버 지식백과] 전자 구름(Basic 고교생을 위한 화학 용어사전, 2002. 9. 30., ㈜신원 문화사)

– [네이버 지식백과] 로봇(컴퓨터 역사, 2013. 2. 25., 커뮤니케이션북스)

– 강연자료 김경환 변호사, "로봇, 드론, IoT의 법적 이슈"

– 이영철, 「지능형 서비스 로봇 – 법, 제도 개선방안 연구」

– 손경한, 박진아 「21세기 과학기술법의 과제」– [동영상] 세계 최초 가정용 로봇 '지보' (https://www.youtube.com/watch?v=_F9GnkYycy0) – [신문기사] 세계 최초 가정용 로봇 (http://www.hankookilbo.com/v/11e34a2095f24ba8955caf9a49d8a2fe) – 매일경제, 「남 성 가사노동, 5년 전보다 3분 늘어… 여성이 5배 더 일해」 2015.12.07.– Karel Capek(2001) 『Rossum's universal robots』 (조현진 역, 2010, 『로숨의 유니버설 로봇』, 리젬

04

2030년
남성성의 미래

미래학과 미래예측 최종 보고서

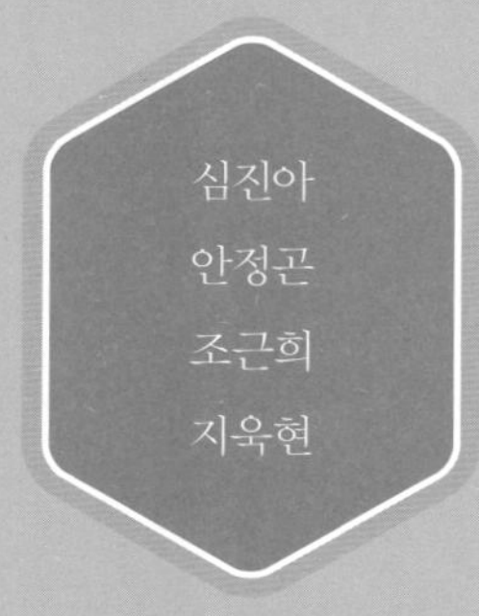

심진아
안정곤
조근희
지욱현

contents

Ⅰ. 개요

1. 연구 배경

남성성(男性性, masculinity)이란 성격특성으로서 남성다움을 의미한다. 사회학의 입장에서 Parsons와 Bales는 남성과 여성의 특질을 일직선상에 위치하는 양립적인 특성군으로 보고, 남성의 주요 특성은 수단적(instrumental)이어서 이성적·객관적·독립적·목표지향적 특성을 지닌다고 보았다. 그리하여 남성은 경쟁과 활동성이 필요한 사회적 역할에 적합한 반면, 여성은 타인을 돌보고 배려하는 역할에 적합하다는 것이 강조되어 왔다(교육심리학용어사전, 2000. 1. 10. 학지사).

그러나 최근 '요섹남(요리하는 섹시한 남자)', '미스터 네스터(둥지를 가꾸듯 육아에 참여하는 아빠)' 같은 신조어가 등장하고 있다. 2015년 9월, 통계청 발표에 따르면 전업주부인 남성이 14만3천 명에 달하고, 고용노동부에 따르면 올 9월까지 남성 육아휴직자는 3천523명으로 작년 같은 기간 2천485명보다 41.77% 증가했다. TV와 영화 등에 등장하는 남성의 이미지는 과거에 비해 매우 다양하고 새롭다. 과거의 남성성이 강인함, 적극성, 공격적, 독립적, 목표지향적인 모습이었다면 대중의 관심을 받는 새로운 남성성은 친근함, 따뜻함, 친절함, 가정적, 다재다능, 여성적인 모습으로 바뀌어 가고 있다.

2010년 세계미래회의에서 영국의 카렌 멀로니 박사(멀로니 마인즈 연구소장)는 미래 사회에서는 남성의 힘보다는 여성의 부드러움이 사회생활을 하는 데 유리하게 작용할 수 있다고 주장했다. 미래의 유망 직업은 Body Part Maker(인간 신체 제조회사), Old Age Wellness Manager/Consultant Specialists(노화예방 매니저), Memory Augmentation Surgeon(기억력 증강 내과의사), Avatar Manager/Devotees Virtual Teachers(아바타 매니저, 가상현실 교사), Time Broker/Time Bank Trader(타임 브로커, 시간 교역가), Social 'Networking' Worker(소셜네트워킹 전문가), Personal Branders(개인 브랜드 형성 전문가) 등이 될 것이기 때문이다. 이뿐만 아니라 남성의 종말을 주장하기도 한다. 현재 69억 인구를 보존시킬 만큼 많은 냉동정자가 존재하여 남자는 물리적으로도 필요가 없다는 것이다. 남성을 결정짓는 Y염색체 크기가 실제로 줄어들고 있으며 남녀 간의 역할 차이, 즉 남녀의 구분이 모호해지고 있다고 한다. 이렇게 남성성은 시대적 환경에 맞추어 변화하고 있음을 알 수 있다.

2. 연구 목적

본 보고서에서는 경제, 기술, 정치, 사회 등의 환경 변화가 남성성 변화에 어떤 영향을 미치는가를 살펴보고, 2030년의 남성성은 어떠한 방향으로 변화할 것인지 예측해보고자 한다. 미래 남성성 변화에 대해 미리 학습하고 대처함으로써 세대 및 남녀 갈등을 방지하고, 기업과 정부의 정책 수립에 도움이 되는 기초자료를 제공하고자 한다.

Ⅱ. 미래예측

2030년 남성성의 미래를 예측하기 위하여 사용한 방법은 미래예측 5단계이다.

1. 문제정의

분야	내용
1. 프로젝트 목적	2030년 남성성의 미래를 예측
2. 사용자 및 용도	일반 시민, 정부, 공공기관, 대학교 연구기관, 기업
3. 자원(기간 및 예산)	기간 : 2개월 예산 : 미상정(실제 프로젝트 추진 시 1억 예상)
4. 예측대상 시간범위	2030년
5. 프로젝트 참여자	심진아, 안정곤, 조근희, 지욱현
6. 이해관계자	일반 시민 : 일반 시민, 성 역할 관련 보수/진보 단체 등 정부 : 청와대 미래전략수석, 여성가족부, 노동부, 산자부, 교육부 등 기업 : 전략실, 마케팅실 등 학교 : 디자인, 의류, 경영, 교육, 생물, 등
7. 데이터 활용 여부	일반 시민의 성 역할 이해 자료, 정부 및 기업의 성 역할 관련 정책 수립 시 활용
8. 예측방법, 결과통합 방법	문헌조사, 브레인스토밍, STEPPER, 세대분석, 상호작용 테이블, 시나리오 플래닝
9. 소통(사용자, 이해관계자)	프로젝트 수행자 : 카카오톡, 이메일 및 오프라인 미팅 등 이해관계자 : 보도자료 배포, 정책 회의 등
10. 결과물(실행, 유지보수)	발표 및 보고서 제출, 최종 수정 후 관련 정책업무 수행 부서에 전달

2. 관련 요소 추출

1) 문헌연구

남성이 부양자 역할을 하고 여성이 가사와 육아를 담당하는 성 역할 구분은 인류의 역사에서 비교적 최근에 등장하였다. 원예농업 사회에서 작물 경작은 기본적으로 여성의 일이었다. 그런데 경작농업이 시작되면서 쟁기를 사용하는 농업은 남성의 일이 되었고 실을 짜고 옷감을 만드는 일은 여성의 일이 되었다(위스너-행크스, 2006).

산업화가 진행되면서 생산활동은 가정에서 작업장과 공장으로 옮겨가게 된다. 가정과 일터가 분리되면서 결혼한 여성은 공장 일과 가족에 대한 책임을 함께 수행하기 어렵게 되었다(틸라 스콧, 2008). 세콤(Secome, 1974)은 가족 활동으로부터 생산활동의 분리가 성별 분업을 심화시켰다고 본다.

산업화 초기에는 남녀 성 역할 구분이 뚜렷했으나 경제활동에 참여하는 여성의 비율이 높아지면서 완화되었다. 여성의 경제활동 참가율이 증가한 원인에는 서비스산업과 같은 노동시장 구조의 변화, 여성의 임신출산양육에 보내는 시간의 단축과 같은 생애주기의 변화, 생계 해결, 여성의 교육 수준 향상, 여성의 자아실현과 같은 요인들이 작용하였다(안병철, 1997).

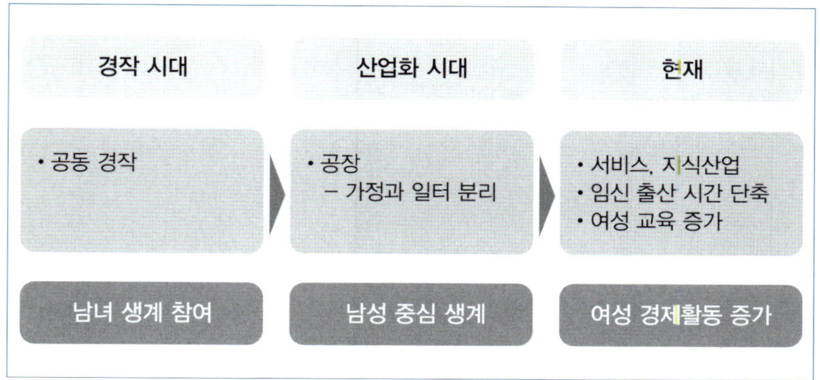

2) 세대분석

성 역할이나 성 고정관념은 시대, 사회문화, 전통 등에 따라 달라지므로 세대분석이 유용하다. 세대분석을 통해서 보면 '아버지 세대'인 1954~1971년 출생 세대는 경기 활황 세대로, 건설·중공업 등의 산업이 발달하여 힘 있고 가족을 보호할 수 있는 이미지의 남성이 인기를 얻었다. '나 세대'인 1972~1989년 출생 세대는 경제 위기를 경험한 세대로, IT 등 지식산업이 발달하여 자상하고 부드러운 이미지의 남성이 인기를 끌었다. '자식 세대'인 2000년 이후 출생 세대는 경기 저성장 세대로 심한 취업난을 겪고 있으며, 발전한 융합·문화산업 등을 체험하여 일명 '꽃미남' 이미지의 보호 해 주고 싶은 남성이 인기를 끌고 있다. 이를 통해 기술의 발전과 경제 상황이 남성성 변화에 큰 영향을 주는 것을 알 수 있다.

	S 사회	T 기술	E 경제	P 인구	P 정치
아버지 세대 (1954~1971년, 경기활황 세대)	– 남존여비 사상 – 남성 가사 참여 X	– 건설, 중공업 등 노동 집약적 산업	– 경기 활황 – 취업률 높음 – 여성 경제 활동 미미	– 남초 – 2자녀 – 4인 가구	– 민주화 운동
나 세대 (1972~1989년, 경제 위기 세대)	– 남녀 평등 사상 – 남성 가사 참여 일부	– IT 등 지식 산업	– 경제 위기 – 취업난 – 여성 경제 활동 증가	– 남녀 성비 유사 – 1.5자녀 – 1인 가구 증가	–민주화 정착
자식 세대 (2000년~, 저성장 세대)	– 여아 선호 사상	– 융합, 문화 등 지식/창 조 산업	– 저성장 – 취업난 심화 – 여성 경제 활동 증가	– 여초 – 1자녀 – 1인 가구 보편화	– 직접 민주 주의 도입

3) STEPPER

STEPPER 분석을 통해 관련 요소를 추출해 보았다. 중요도에 따라 매우 중요한 요소와 중요한 요소로 구분하였다. 사회 요소에서는 양성평등 사상 등 성 관련 인식이, 기술 요소에서는 지식산업, 감성기반기술 등의 산업 특성이, 경제에서는 여성 경제활동 참여율, 경기 성장률, 인구에서는 만혼/비혼 등 결혼 기피 현상, 정치에서는 여성 정치가의 증가가 매우 중요한 영향 요인으로 분석되었다.

표 2 STEPPER 분석 결과

	S 사회	T 기술	E 경제	P 인구	P 정치	E 환경
매우 중요	– 양성 평등 사상	– 지식산업 – 감성 기반 기술 발달	– 여성 경제 활동 증가 – 저성장/ 취업난	– 결혼기피 (만혼/비혼)	– 여성 정치 가 증가	

	S 사회	T 기술	E 경제	P 인구	P 정치	E 환경
중요	– 결혼관련 제도 변화 – 여아 선호 사상 증가	– 임신출산 기술 – 성형 기술 – 가상현실 기술	– 재택근무	– 저출산	– 테러/ 전쟁 증가	– 기후재난 증가

※ R(자원)은 해당 사항 없어 제외

3. 핵심동인 결정 – 상호작용 테이블 분석

2단계에서 문헌연구, 세대분석, STEPPER 분석에서 추출한 요소 중 핵심동인을 추출하기 위하여 상호작용 테이블 분석을 하였다[표 3]. 그 결과 여성 경제활동 정도, 산업특성, 경기 성장률 등의 경제 요소와 양성평등 사상 등의 성(性)에 대한 인식이 남성성 변화의 가장 핵심적인 동인임을 알 수 있었다.

표 3 남성성 변화의 핵심동인 추출을 위한 상호작용 테이블 분석 결과

	여성 경제활동 정도	성(性) 인식	산업 특성 (여성형/남성형)	결혼기피 정도	여성정치 리더의 수	경기 성장률	독립성 합계
여성 경제 활동 정도	0	+2	0	+1	+2	0	+5
성(性) 인식	+2	0	0	+2	+2	0	+6
산업 특성 (여성형/남성형)	+2	+2	0	0	+1	0	+5
결혼기피 정도	0	0	0	0	0	0	0
여성정치 리더의 수	+1	+2	0	0	0	0	+3

	여성 경제활동 정도	성(性) 인식	산업 특성 (여성형/ 남성형)	결혼기피 정도	여성정치 리더의 수	경기 성장률	독립성 합계
경기 성장률	+2	0	0	+2	0	0	+4
종속성 합계	+7	−7	+2	+5	+4	0	

4. 미래예측 – 시나리오 플래닝

현재 우리가 살고 있는 매우 복잡하고 불확실한 21세기의 현상들을 정확히 예측한다는 것은 거의 불가능에 가깝다. 이렇듯 복잡하고 불확실한 미래는 하나의 단선적인 세계(future)가 아닌, 다양한 가능성이 포함된 복수의 영역(futures)으로 구성되게 한다. 이러한 복수의 미래를 예측하고 진단하는 데 유용하게 활용되는 기법이 바로 '미래 시나리오 플래닝'이다(서용석, 2009:437-438). 본 보고서에서는 남성성과 관련된 개연성 있는 다양한 미래의 모습을 제시하기 위해서 시나리오 기법을 도입하였다.

1) 시나리오 분석의 틀

[그림 2]는 3단계에서 도출한 핵심요소 중 여성 경제 활동과 성별(性別)에 대한 인식 정도를 각각 x, y축으로 하여 각 사분면에 4개의 미래를 구분하여 표시한 것이다. 첫 번째 경우는 남성이 여성화되는 '여성형 남성', 두 번째는 전통적 남성성이 강화되는 '남성형 남성', 세 번째는 성 정체성이 모호해지는 '신(新) 남성형 남성', 네 번째는 남성성과 여성성의 강점을 모두 가진 '양성형 남성'이다. 따라서 본 보고서에서는 이 4가지 패턴으로 시나리오를 전개할 것이다. 시나리오의 시계(視界)는 지금부터 15년 후 미래인 2030년을 설정하였다.

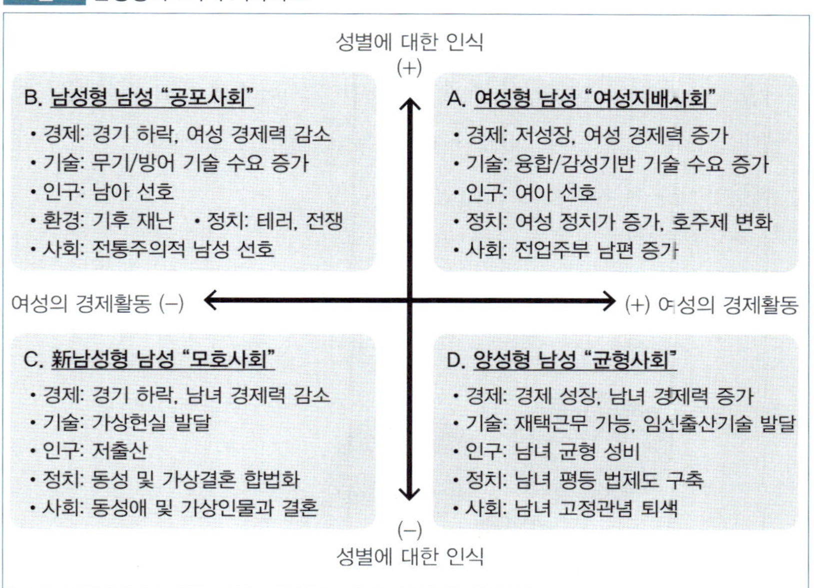

2) 시나리오 분석

a) 여성형 남성 '여성지배사회'

− 저성장과 IT기술의 발달, 여성형 일자리 증가와 여성 경제력의 증가

2000년대부터 경기 저성장 기조가 지속되고 있고 취업난은 점차 심해지고 있다. 취업에도 양극화 현상이 일어나고 있는데, 남성의 취업은 매우 어려운 반면, 여성의 취업은 양호한 편이다. 여성들은 매년 백만 명 이상 사회진출이 증가하고 있다. 여성에게 맞는 직종이 계속 창조되고 있기 때문이다.

이미 2010년 세계미래회의에서 영국의 카렌 멀로니 박사(멀로니 마인즈 연구소장)는 미래 사회에서는 남성의 힘보다는 여성의 부드러움이 사회생활을 하는 데 유리하게 작용할 수 있다고 예측하였다. 노화예방 매니저, 기억력 증강 내과의사, 개인 브랜드 형성 전문가 등 신규 일자리가 창출되고 있는데 이러한 쪽에서 여성이 두각을 나타내기 때문이다. 이미 한국은 2012년 20대 경제활동 참가율에서 여성이 남성을 앞질렀다. 이러한 감성기반기술이나 융합형 산업에서 여성 기업가가 증가하면서 기업 리더 중 여성 비율이 60%를 넘어섰다. 2013년 태국, 독일, 덴마크 등에서는 기업 CEO 중 여성의 비율이 40%를 초과하였다.

 국가별 여성 CEO 비율

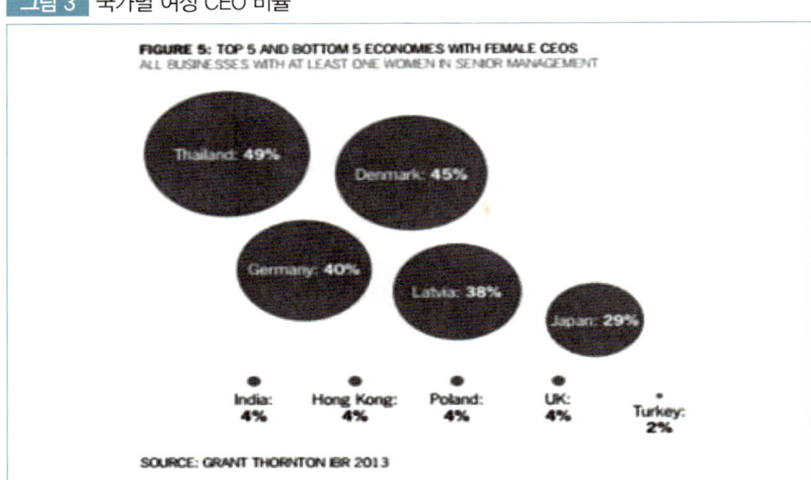

– 여아 선호사상의 팽배

낙제생은 어디서나 남자가 여자의 두 배다. 대학과 대학원 진학률도 여자가 더 높다. 미국의 특허발명자 수를 보면 남자가 연평균 1,500명인데 비해 여자는 무려 7,000명이다. 여아는 남아보다 말을 더 빨리 배운다. 더 일찍 화음을 터득한다. 여자는 좌측 뇌가 지배하는 감성과 직관의 영역에서 단연 남자를 앞선다. 남자는 우측 뇌가 지배하는 논리적 사고 영역에서 여자를 앞선다. 그러나 직관 앞에서 꼼짝 못 하는 것이 남자들이다. 이처럼 여성이 사회 적응력이 더 뛰어나다는 인식이 만연해 있다.

또한, 여성의 경제력이 남성보다 높아지면서 부모들은 더 이상 아들에게만 노후를 의지하지 않는다. 딸 둘을 둔 부모는 금메달이고, 딸 하나 아들 하나를 둔 부모는 은메달이며, 아들 둘을 둔 부모는 목메달이라는 말이 유행어처럼 퍼지더니 아들을 기피하는 현상이 점차 심해지고 오히려 딸을 선호하게 되었다. 통계청은 한국의 2030년 미래인구추계에서 여아가 남아보다 0.3% 초과할 것으로 예측했는데 이 예측치를 초과하는 여아가 태어나고 있다.

– 여성 정치가의 증가

최근 10년간 전 세계 여성들의 성평등 지수는 여성이 정치와 노동시장에 참여하는 비율이 높아지면서 향상됐다. 성 평등과 성 격차 지수에서 서유럽을 제외한 세계에서 가장 모범적인 변화를 보여준 지역이 바로 라틴아메리카이다. 아르헨티나의 크리스티나 페르난데스(Cristina Ferna´ndez), 브라질의 지우마 호세프(Dilma Rouseff), 코스타리카의 라우라 친칠라 그리고 칠레의 미첼 바첼레트(Michelle Bachelet)는 전통적으로 남성우월주의 문화가 강한 라틴아메리카에서 민주적인 선거를 통해 높은 지지율로 정권획득에 성공했다. 이 여성 대통령들은 모두 재선에 성공했다. 또 라틴아메리카 여성들의 의회에서의 정치 참여율은 30%에 육박한다. 이는 선진국의 24.5% 그리고 세계 평균 22%와 비교해 높은 수준이다. 최근 40년간 라틴아메리카에서는 10명의 여성이 대통령직을 수행했다.

– 전업주부 남편의 증가

남성의 취업률이 낮은 상황에서 경제력 있는 여성의 인기가 많아졌다. 이미 2015년에 경제력 있는 재혼 여성의 재혼율이 일반 남성의 재혼율을 넘어섰다. 다시 경기가 성장할 기미가 보이지 않고, 남성들은 경제력 있는 여성과 결혼해 전업주부 남편이 되는 것을 이상적으로 생각한다. 굳이 결혼하지 않더라도 얼굴 예쁜 여성과 사귀는 것보다 돈 잘 버는 여성과 사귀는 것이 남성들 사이에서 부러움의 대상이 되었다. 남성들은 더 부드러운 말투와 매너를 배우기 위해 노력했고, 꽃미남이 되기 위해 갖은 화장품의 전문가가 되었으며 필요하면 뼈를 깎는 성형시술도 받았다. 결혼해서는 남자가 육아와 가사 일을 전담한다.

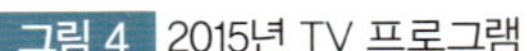

그림 4 2015년 TV 프로그램

그림 5 남자 전업주부 증가 추이

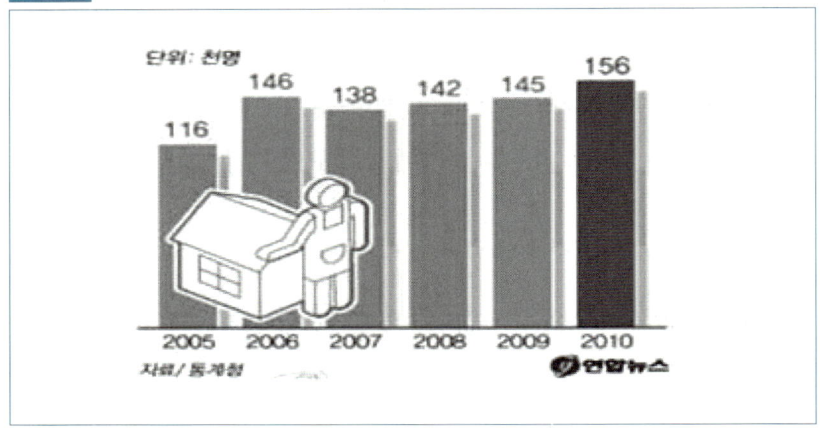

b) 남성형 남성 '공포사회'

– 테러와 전쟁의 공포, 경제·사회·기술 분야의 '여성성' 확대에 제동

미완의 민주화가 남긴 혼란 속에 잔학한 테러를 앞세운 이슬람국가(IS)가 시리아와 이라크의 북부를 차지하며 중동은 거센 회오리 속으로 빠져들었다. 미국이 이란과 핵 협상을 타결하면서 중동 질서의 대격변은 더욱 거세졌다. 미국이 이란을 '적'에서 '대화의 상대'로 바꾸자 사우디는 중동에서 독자적인 길을 모색하는 모양새를 취하고 있다. 미국이 이란과 핵 협상을 타결하자 미국의 맹방인 사우디가 자체 핵무기 개발을 추진하면서 갈등이 심화되었다. IS는 시리아 동북부와 이라크 서북부를 점령하고 국가를 선포했다. IS가 세력을 확대하고 무차별 테러를 저지르면서 전 세계의 여론이 악화되자 미국은 군사 개입을 본격화했다.

극동지방은 중국과 일본이 각각 러시아와 미국을 등에 업고 패권 다툼에 한참이다.

남성 군대로 조직된 모든 전쟁은 남성에게 합법적으로 폭력을 행사할 수 있는 특권을 부여하였다. 전쟁 기술의 비약적 발전은 기존의 도덕적이고 명예에 기반을 둔 남성성의 결합을 파괴하고 더욱 비인격적인 지배력이 전면에 나서는 계기가 된다. 그리고 일반적으로 여성, 장애인, 어린이 등 사회적 약자가 폭력 대상이 되었다. 문제는 전쟁 상황에서 여성에 대한 폭력은 우발적이지 않다는 데 있다.

또한, 20여 년 전 급성장하던 여성의 사회진출 확대, 여아 선호사상의 확대, 성형산업의 발달은 전쟁과 테러의 공포 속에서 쇠퇴의 길을 걷게 되었다.

– 기후재난 전 세계 강타

기후변화에 대한 경고에도 불구하고 개발을 지속한 결과 지구의 온도는 예상보다 더 급속하게 오르기 시작했다. 1도가 채 안 되는 온도 상승은 지

구의 기후체계를 크게 변화시켜 세계 곳곳에서 홍수, 폭우, 폭설, 폭염, 슈퍼태풍과 같은 기상재해가 발생하고 있다. 사막화로 인해 2030년 현재 17억 명이 물 부족에 시달리고 있다. 야생동물 중에서 온도 변화에 민감한 개구리, 뱀, 맹꽁이와 같은 양서파충류는 멸종하고, 식량 부족과 전염병에 시달리고 있다.

세계보건기구(WHO)는 최근 10년간 기상재해가 연간 8%씩 증가했다고 통계치를 발표했다. 자연재해가 발생하면서 여성과 어린이 사망자가 남성의 14배에 달했다. 기후변화로 인한 홍수나 가뭄은 생존의 조건을 극한으로 몰고 가면서 난민을 발생시키는데 기후난민은 여성의 비율이 극도로 높다. 전 세계 난민 3억5천만 명 중에서 2천6백만 명이 기후변화로 인한 기후난민이었고 이 중 80%가 여성이었다.

기후변화로 사회·경제적인 불안이 고조되면서 갈등과 분쟁이 발생하였고, 테러로 이어지게 되었다. 여성들은 폭력적으로 변한 사회의 피해자가 되고 있다.

그림 6 기후난민

- 경기 하락과 취업난, 결혼기피 지속

테러와 전쟁, 기후 재난으로 인해 시설이 파괴되어 경기는 지속해서 하락하고 있다. 무기제조사업과 재난안전사업을 제외한 산업에는 투자할 자금도 부족하다. 시설을 재건해 놓으면 또다시 파괴되고 복구하는 비용만 천문학적인 세금이 들어간다. 국민들은 난민이 되고 이곳저곳을 떠돌아다니며 살 곳을 찾고 있다.

수십 년째 이어져 온 경기침체는 결혼기피와 만혼을 야기해 왔지만, 최근 들어 확산된 공포와 재난은 경제난을 더욱 가속화시켰고, 결혼기피와 만혼은 더욱 늘어났다.

- 전통적 남성성 강화를 선택하는 남성들

기존의 경제난과의 차이점이 있다면 20여 년 전의 경제난 상황에서는 남성들이 여성성을 강화하면서 매력적인 여성적 남성이 되고자 했으나, 공포 사회를 겪고 있는 지금의 남성들은 생존을 위해 더욱 강해지그자 했고, 결국 여성성이 강화되기보다는 남성성이 더욱 강해지는 것을 택하고 있다.

또한, 언제 어디서든 테러가 일어날 수 있다는 공포와 기상 재해로 인해 전통적인 남성상인 '여성을 보호해 줄 수 있는 남성'이 인기를 끌게 되었다. 근육질에 우락부락하며 힘세 보이는 남성이 이상적인 남성이다. 전쟁 시 무기를 다룰 줄 알아야 하고 강한 책임감으로 가족을 보호할 수 있어야 한다. 가족의 중심은 아버지로, 아버지를 중심으로 의사결정이 이루어지며 어머니들은 다시 아들을 선호하게 되었다.

c) 新남성형 남성 '모호사회'

- 경제난과 취업난, 결혼 기피, 저출산의 악순환

15년이 넘게 이어온 세계적 저성장은 가난한 청년, 가난한 어른, 가난한 노인들을 양산해냈다. 결혼은 사치가 되었고, 연애조차도 힘든 세상이다. 결혼도 안 하다 보니 저출산 문제는 날로 심각해지고 있고, 노동인구가 부족하다 보니 경제난은 더욱 깊어만 가고 있다.

- 가상인물산업의 급성장

이러한 현실 속에서 급성장한 산업이 있다. 바로 가상인물산업이다. 이 가상인물은 홀로그램, 인형, 로봇 등 다양한 상품으로 나와 있고, 외모와 성격, 말투, 애정의 정도까지 모두 프로그래밍화 되어 있어 소비자가 원하는 다양한 인물을 선택적으로 만들어낼 수 있게 되었다.

사람들은 가상인물과 함께 식사하고 성교를 한다. 공원을 산책하고, 시장도 같이 본다. 적절한 타이밍에 상대방이 가장 원하는 말과 행동을 함으로써 상대방을 최고의 만족 상태로 끌어 올린다. 빅데이터화 된 개인정보가 가상인물에게 입력되어 마치 '나보다 나를 더 잘 아는 그녀'가 실재하고 있는 것처럼 느껴진다. 사실 가상이 아닌 가상, 실재하는 가상인 것이다. 2015년 개봉했던 영화 「Her」와 같이 가상인물과 사랑에 빠지는 일이 비일비재한 것이다.

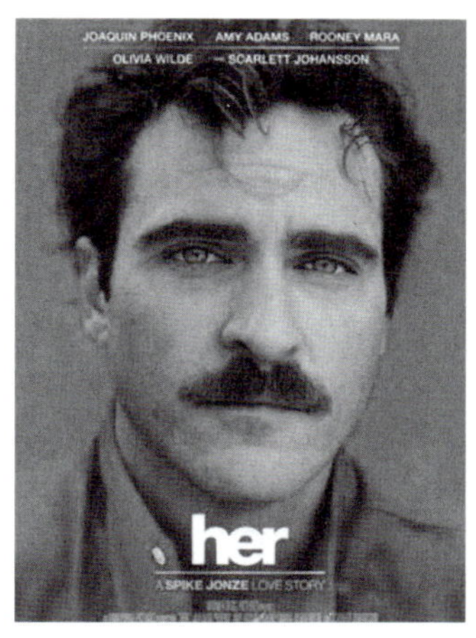

그림 8 가상 비서와 사랑에 빠지는 줄거리의 영화 「Her」

– 가상인물, 동성과의 결혼 합법화

이 때문에 정치권에서도 많은 논란이 있었다. 가상인물에게 야구장의 입장료를 물을 것인가, 버스 요금을 내게 할 것인가, 숙박비를 물릴 것인가. 가장 큰 논란이 되었던 것이 가상인물과의 결혼을 허락할 것인가에 있었다. 특히 10년 전 가상인물과 함께 광화문 광장에 집결한 10만 명의 미혼 청년들의 시위가 이 문제를 해결하는 기폭제가 되었다. 급기야 정치권은 이러한 미혼 청년들의 경제적 문제를 해결해 줄 수도 없고, 이성 사람과의 결혼을 강제할 수도 없는 상황에서 가상인물과의 결혼을 합법화할 수밖에 없게 되었다.

이와 함께 합법화된 것이 동성 간 결혼문제이다. 남성과 여성의 사회적·생물학적 경계가 모호해지면서 남성과 여성이 가지고 있던, 갖추어야 했던 인격과 성격에도 변화를 가져왔고, 이러한 변화는 동성에게 사랑의 감정을 느끼는 일을 더욱 많아지게 했다. 이들의 인격과 행복할 권리의 보장을 위해 가상인물과의 결혼이 합법화되면서 동성 간 결혼도 합법화되었다.

– 남성과 여성의 생물학적 구분 상실

이러한 사회적 성 역할의 경계를 무너뜨리는 데에는 과학기술의 발달에 따른 생물학적 경계가 무너진 것도 한몫했다. 과거에는 임신과 출산은 여성 고유의 생물학적 책임으로 여겨졌다. 그러나 이제 임신·출산 기술과 바이오 기술의 발달은 불변의 진리 같던 여성과 남성의 생물학적 차이를 무너뜨렸다. 지금은 남성도 임신을 하고 출산하는 경우를 종종 볼 수 있다. 1978년 최초의 시험관아기가 탄생한 후 RYT 병원은 남성도 임신할 수 있는지 연구를 시작하였고 첫 대상이 리 밍웨이(Lee Mingwei)였다. 건강한 태아가 남자의 복강에서 자라고 있다. RYT 병원은 더 이상 남성 임신환자를 받지 않겠다고 발표하면서 실험에는 실험관배란(IVF, In vitro fertilization)기술이 이용되었는데, 우선 태아와 태반을 남자의 복강에다 임플란트를 시켜 자궁외임신을 통한 태아 성장을 유도한 것이다. 출산은 수술로 하게 된다.

또한, 다양한 호르몬 약품들은 사람의 생물학적 특징도 선택할 수 있게 했고, 이러한 생물학적 변화는 사람의 성격과 성품의 변화도 가져왔다. 부드러운 목소리와 가냘픈 외모를 갖도록 해주는 호르몬제를 쓰는 남성들이 짙은 화장을 하고, 아이를 안고 엄마·아빠 모임에서 수다를 떠는 풍경은 이제는 흔한 일이 되었다.

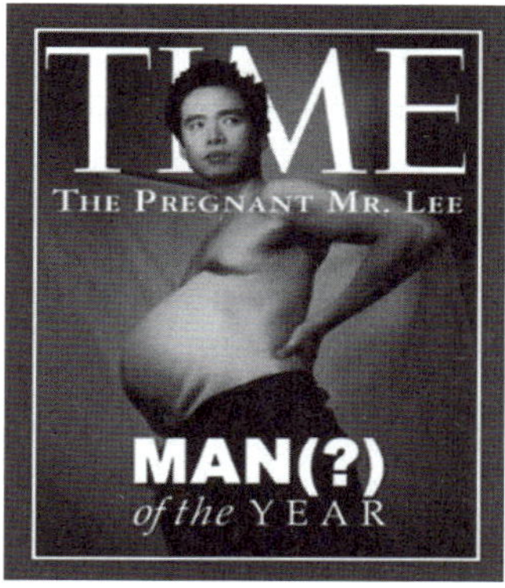

d) 양성형 남성 '균형사회'

– 로봇, 바이오, 지식·감성산업 중심의 경제 성장, 남녀 균등 일자리 제공

2030년부터 세계 경제는 다시 상승하는 사이클로 전환하게 되었다. 중국과 인도를 중심으로 경제가 성장하면서 세계 경기도 서서히 회복되기 시작했다. 특히 로봇, 바이오, 지식·감성산업 등의 혁신 산업이 급부상하면서 경기가 좋아지기 시작한 것이다. 혁신으로 일자리는 늘어난 반면 인구는 감소하면서 남성과 여성 모두에게 일자리가 충분히 돌아갈 수 있게 되었다.

– 남성과 여성의 사회학적 역할 구분 상실

남성의 경제력에 의존했던 과거 여성의 모습은 자취를 감추었다. 오래전 부모세대 때나 있었던 '바깥양반', '안사람'이라는 용어는 사라진 지 오래다. 이 모든 게 남성이든 여성이든 성적 차별 없이 경제적으로 독립할 기회가 생겼기 때문이다. 이렇게 경제적으로 독립성을 가진 여성들은 남성들과의 사회적 역할의 차이를 거부했다. 이 때문에 남성들은 사회경제적 활동과 가사·육아 등의 가정활동을 모두 골고루 잘할 줄 아는 존재가 되었다. 물론 여성들도 똑같다. 이제 이러한 사회적 역할의 구분에 남성과 여성이라는 성적 변수는 없어졌다.

나아가 가정의 경제력을 남성이 책임지느냐, 여성이 책임지느냐의 성 역할의 논쟁을 넘어 이제는 가정의 경제력을 '누가' 책임지느냐의 문제로, 성별에 따른 논쟁이 아니라, 누가 돈을 벌 의지가 있느냐, 누가 더 많이 벌 수 있느냐, 누가 더 잘 벌 수 있느냐와 같은 가족 구성원 간의 '능력'과 '자질'의 문제로 전환되었다.

– 재택근무로 인한 역할 통합, 성 역할과 성 인식의 변화

과거 산업화를 거치며 일터와 가정이 분리되면서 경제활동주체와 가사활동주체가 나누어졌으나, 현재는 재택근무가 보편화 되면서 가족들이 같은 공간에서 하루를 보내고 있다. 이 때문에 남성이든 여성이든 성별에 상관없이 일과 양육을 가정 내에서 동시에 할 수 있고, 두 가지 모두를 잘할 수 있는 능력이 개발됐다. 성별과 관계없이 상황에 따라 적절히 분배된 일과 양육의 부담은 가족을 더욱 건강하고 화목하게 만들고 있다.

– 임신·출산기술의 발달, 상호존중·균형적 가정

이제는 결혼이 아이를 낳기 위한 절대적 수단이 되지 않는다. 여성은 나이에 상관없이, 결혼 여부에 상관없이 아이를 낳길 원하면 얼마든지 의학의 힘을 빌려 혼자서라도 낳을 수 있다. 그러나 '가족 공동체'를 구성하고 싶다는 인간의 욕구로 결혼제도는 계속 이어지고 있고, 지금의 가족

들은 상호존중과 역할의 균형적 분담으로 합리적인 가족의 모습을 갖추고 있다.

  - 양성평등을 위한 법과 제도의 정착

  이러한 사회변화를 이끌어내는 데에는 법과 정치의 역할이 컸다. 저출산을 극복하기 위해 프랑스 팍스(PACS) 제도를 도입하는 국가가 증가했다. 모든 형태의 동거 부부를 법적으로 인정하는 제도인데, 혼외자나 한 부모 가정의 아이도 법적으로 보호가 능하다. 이러한 제도를 통해 여성과 남성에 양육에 대한 의무가 동등하게 주어진다. 남성과 여성이 경제활동과 양육에 대한 책임을 공동으로 지면서 사회적으로 양성평등 인식이 더욱 공고해지게 되었다.

5. 결과통합과 전략

1) 시나리오에 대한 종합적 고찰

  여성형 남성의 수가 많아지는 시나리오 A로 발전할 경우 남성들은 전통적인 남성성을 버리고 전통적인 여성성이라고 인식되는 수동적, 유연한 등의 성향으로 변화하게 될 것이다. 남성형 남성이 많아지는 시나리오 B로 발전할 경우는 남성들의 성향이 과거 전통적인 남성성이라고 인식되던 힘, 권력, 신뢰 등의 성향으로 변화된다. 성 정체성이 모호해지는 시나리오 C로 발전할 경우는 남성도 여성도 아닌 제3의 성이 개발될 수 있다. 마지막으로 남성과 여성의 강점이 모두 발달하는 시나리오 D로 발전할 경우 남성들은 때와 장소에 따라 남성과 여성의 강점을 발휘할 수 있어야 한다.

  현대사회는 남성들에게 양성성을 개발하도록 요구하고 있다. 이를 기준으로 볼 때 2030년 남성성의 변화가 가장 큰 경우는 시나리으 A와 C라고 할 수 있다. 그렇기에 시나리오 A와 C의 상황일 때 사회 갈등이 가장 클 것으로 예상된다. 특히 세대별로 성 역할이나 성 고정관념이 크게 달라 노년층과 젊은 세대 간의 마찰이 있을 것으로 예상되므로 갈등을 줄이기 위한 노력이 필요하다.

2) 국가/기업/가족의 시나리오별 대응 전략

a) 국가적 대응

시나리오 A에서는 전업주부 역할을 하는 남성이 많아지므로 보육정책이나 육아휴직제도를 남성에게 강화할 필요성이 있다. 시나리오 B에서는 전통적 남성이 많고 테러나 자연재해가 많은 사회이기 때문에 보육에 있어 국가 주도의 정책이 필요하다. 시나리오 C에서는 성 정체성이 모호한 사회로 발전하므로 세대 및 사회 갈등을 줄이고 다양성을 포용할 수 있는 정책이 만들어져야 할 것이다. 시나리오 D에서는 남녀 모두 일과 가정을 양립할 수 있기 때문에 국가의 개입은 줄이되, 재택근무와 육아 및 가사가 원활한 환경을 만들어 주어야 할 것이다.

b) 기업적 대응

시나리오 A에서는 육아휴직제도를 남성에게 확대할 필요성이 있으며, 또한 남성형 미용상품 등의 개발이 필요하다. 시나리오 B에서는 전통적 남성성을 강조하는 마케팅 전략이 요구된다. 시나리오 C에서는 다양한 남성성과 관련된 마케팅 전략이 필요하다. 시나리오 D에서는 가족친화기업 정책을 수립하여 남녀 모두에게 재택근무가 원활한 환경을 만들어 주어야 할 것이다.

미래를 보는 7개의 시선

c) 가족적 대응

시나리오 A에서는 남성이 가사 및 육아를 하는 것을 받아들일 수 있는 사회적 인식을 심어주어 가족 내 갈등을 줄여야 할 것이다. 시나리오 B에서는 전통적 남성성이 강조되므로 기존의 이미 남성화된 여성, 여성화된 남성과 갈등이 심화될 가능성이 높으므로 이를 줄여나갈 필요성이 있다. 시나리오 C에서는 동성애 등 다양성을 포용할 수 있는 사회 인식을 만들어가야 할 것이다. 시나리오 D에서는 남녀 모두 직장과 가사 일을 병행하므로 과부하가 걸리지 않도록 분배를 잘해야 할 것이다.

3) 주요국 대비 전략(3차원 미래예측법 활용)

지금까지의 시나리오는 미래를 예측하여 분석한 것이다. 그러나 공간이라는 또 다른 축을 도입하여 분야, 시간, 공간 3개 축을 통합한 분석이 필요하다. 그 이유는 가능성 높은 미래가 예상되면 글로벌 세계에서는 각각의 이해관계자들이 저마다의 노력으로 각자에게 유리한 미러가 이루어지도록 전략을 바꾸고 그에 따라서 또다시 미래가능성이 급격히 변화할 수 있기 때문이다.

남성성의 정의에 따라 성 역할, 미디어, 기술 분야로 3등분 하고, 시간은 현재인 2015년과 15년 후인 2030년으로 설정하였다. 2030년으 남성성의 변화는 다음 [그림 10]과 같이 예측된다.

미국은 남성성이 강화될 가능성이 높고 일본은 남성성과 여성성이 철저히 분리되어 공존할 것이며 한국은 남성성과 여성성이 조화를 이루어 갈등 요인이 대부분 사라질 것으로 예측하였다.

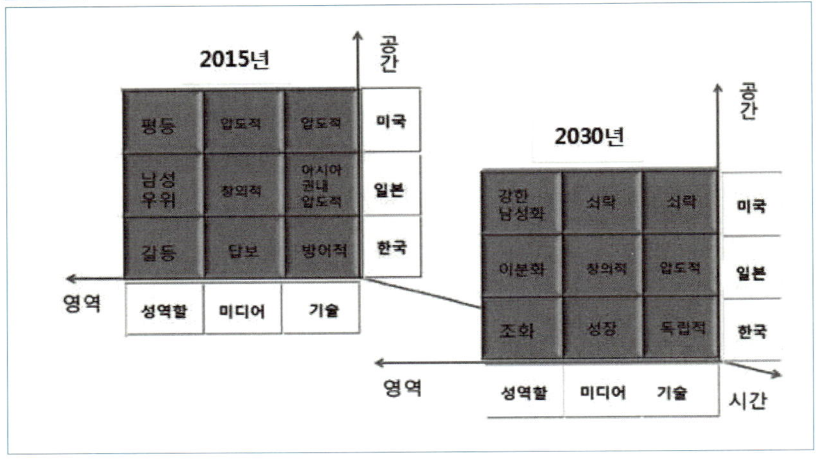

a) 미국의 전략

미국 입장에서 바람직한 미래전략을 생각해보자. 미국에서는 전통적으로 남자는 항상 강하고 승자여야 하며, 여자는 항상 가족과 가정을 우선시함과 동시에 숙녀처럼 행동해야 한다는 것을 남자다움과 여자다움을 구성하는 가장 필수적인 사항으로 여겼다. 그러나 미국사회에서도 여성의 사회적 참여가 늘어남에 따라 이러한 전통적인 성 역할에 많은 변화가 일어났고 자연히 남성의 역할에도 영향을 미치게 되었다. 성 역할의 구분이 모호해지면서 전통적인 남성성과 여성성을 넘나드는 새로운 남성성과 여성성이 등장하였다 그러나 9·11테러 이후에 〈뉴욕타임스〉는 '남자다운 남자의 회복'이라는 제목으로 9·11테러가 남성의 역할 모델을 강하게 바꿔 놓고 있다고 소개했다. 미국의 테러 발생 위험은 IS가 주요 타깃 국가로 삼은 만큼 매우 높은 상황이다. 향후 미국 기업은 강화된 남성을 초점으로 마케팅 전략을 세울 가능성이 높다.

b) 일본의 전략

1990년대 전후, 남녀공학 사립고등학교가 늘어나면서 외모에 신경 쓰는 남성이 증가했다. 하나코 세대 엄마들의 영향도 한몫했다. 하나코 세대란, 1959~1964년에 태어난 여성으로 이들이 20대이던 1980년도 후반은 일본 경제가 가장 활기를 띠던 버블 전성기였다. 하나코 세대의 아이들인 25~29세 남성들은 피부관리가 당연한 가정환경에서 자랐고, 미용의식이 높은 엄마가 아들들에게 피부관리의 필요성을 어려서부터 인식시킨 것으로 분석된다. 이러한 세대 문화가 2010년대 들면서 서서히 가정에 정착해 현재의 수요 증가로 이어지고 있다.

그러나 일본의 개방적인 성문화는 남성성과 여성성의 갈등 요인으로 작용해 성 역할을 이분화할 것으로 보인다. 또한, 한국의 한류 영향에도 일본은 자유롭지 못하기에 일본이 전통적으로 우위를 점하고 있는 미디어 및 콘텐츠 기술을 활용하여 남성성과 여성성이 조화를 이루는 플랫폼을 만들어 새로운 시장 생태계에 대비하려 할 것이다.

c) 한국의 전략

한국사회에서도 전통적인 성 역할의 변화에 대한 논의는 여러 학문 분야에서 이루어지고 있다. 사회학자인 조혜정(1999)은 우리 사회에는 농경사회에서의 남자다움과 산업사회에서의 남자다움이 혼재하고 있음을 지적하고 있다. 남자의 노동력이 중요한 역할을 하던 농경사회에서는 남녀의 명확한 분리와 남성의 우위가 강조되는 남존여비 사상이 지배적이었던 반면, 산업사회에서는 남자에게 가족부양을 책임지는 가장으로서의 역할이 강조되고 책임감, 합리성, 자제력, 결단력, 여성보호적 태도가 남성다움의 핵심을 이룬다는 것이다. 따라서 우리나라에서의 남성성은 현재 농경·산업사회적 특성이 동시에 혼재되어 있음을 지적하고 있다.

경제발전과정을 거치면서 산업사회의 책임 있는 가장의 이미지가 강조되어 책임감, 결단력, 독립성, 성취주의, 힘, 합리성을 가진 서구적인 남성다움이 강해진 반면, 전통사회의 이상적 남성상이던 명분주의적이고 이상주의적이며 현실에는 다소 나약하고 상호의존적인 남성다움은 사라져 가고 있음을 알 수 있다. 그러나 최근에 눈에 띄는 꽃미남과 같은 새로운 남성성은 산업사회의 전통적인 남성성과는 차이가 있다.

향후 한국은 여성성이 강화된 남성을 초점으로 마케팅 전략을 세울 필요가 있지만, 군사력 및 대외 경제를 미국에 의존하고 있는 상황에서 강한 남성상도 어느 정도 감안할 필요가 있다.

미래를 보는 7개의 시선

Ⅲ. 결론 및 한계

　남성성은 시대, 문화, 전통에 따라 다르게 규정되며, 환경이 변화하면 영향을 받아 함께 변화한다. 남성성은 특히 경제적 요인과 사회 인식적 요인에 의해 가장 크게 영향을 받아 변화됨을 도출하였다.

　핵심동인을 바탕으로 2030년 남성성의 미래를 4가지 시나리오를 통해 알아보았는데, 시나리오 기법은 복수의 미래를 제시하기 때문에 다양한 모습을 그려볼 수 있다는 장점이 있다. 본 보고서에서는 사회경제적 요소 변화에 따라 나타날 수 있는 다양한 남성성의 모습을 제시하고 시나리오별로 국가, 기업, 가족의 대응 방법을 제시하였다는 데 의의가 있다. 또한 미국, 일본 등 주요국 관계도 고려하여 남성성의 미래를 예측하였다. 이를 통해 변화 가능한 남성성의 모습을 미리 학습함으로써 정책이나 전략을 수립에 참고자료를 제공하며 사회적인 갈등을 줄이는 데 도움을 줄 수 있을 것이다.

　제약이 많은 관계로 협소할 수밖에 없는 자료취득 및 문헌조사, 한정된 연구인력, 시간 등 본격적인 예측을 하기에는 상황과 여건이 따라주지 못했다. 또한, 예측한 미래가 어느 정도의 타당성을 가지는지 검증할 기회와 관련 업계의 종사자나 전문가의 인터뷰를 갖지 못한 것은 아쉬운 점으로 남는다.

 참고문헌

– 네이버 지식백과, 남성성의 정의(교육심리학용어사전)

– 안병철(2004), 「한국 사회의 성 역할 변화」, 정보통신연구원

– 박종서(2013), 「가족 내 가사분담과 성 역할 인식에서 나타나는 양성평등 실태」, 한국보건사회연구원

– 장휘숙(2008), 「성과 성 역할 정체감 및 성격 특성과의 관계」, 한국심리학회

– 박영숙, 제롬 글렌, 테드 고든(2012), 「유엔미래보고서 2025」, 교보문고

– 박영숙, 제롬 글렌(2015), 「유엔미래보고서 2045」, 교보문고

– 린다 그래튼(2012), 「일의 미래」, 생각연구소

– 김순덕, 「마녀가 더 섹시하다」

05

3D프린터의 미래

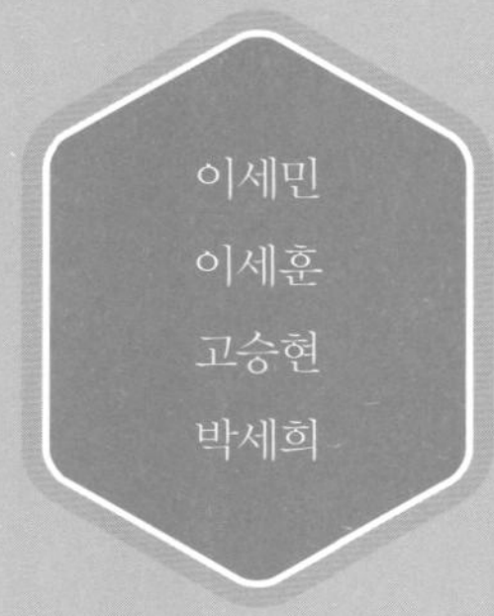

이세민
이세훈
고승현
박세희

contents

Ⅰ. 개요

1. 왜 3D프린터의 미래인가?

신대륙을 발명한 콜럼버스는 단지 인도와 연결할 수 있는 교역로를 발견했다고 생각하였지만, 신대륙의 발견은 구대륙에 금은 인플레이션으로 인한 가격혁명, 신대륙 농산물 도입으로 인한 농업혁명으로 구대륙이 사회 전반에 걸쳐 변화되는 촉매제 역할을 하였다. 이후 기계의 발명으로 1차 산업혁명, 경공업에서 중화학공업으로 변화하는 2차 산업혁경 시기를 거치면서 단지 기술의 발전에만 머무르는 것이 아니라 인간 삶의 모습을 혁명적으로 변화시켜 왔다.

여기에서 우리는 미래사회를 혁명적으로 바꿀 수 있는 성장 촉매제가 있어 이를 '3차 산업혁명'이라고 명명할 수 있다면 이러한 촉매제의 강력한 후보로는 어떤 것이 있을까 생각해 보았다. 핀테크, 사물인터넷, 가상현실, 빅데이터 등 다양한 후보를 언급한 결과 우리는 3D프린터가 바로 '3차 산업혁명'의 강력한 핵심동인이라고 보았다.

그림 1 세계 3D프린터 시장 현황과 점유율

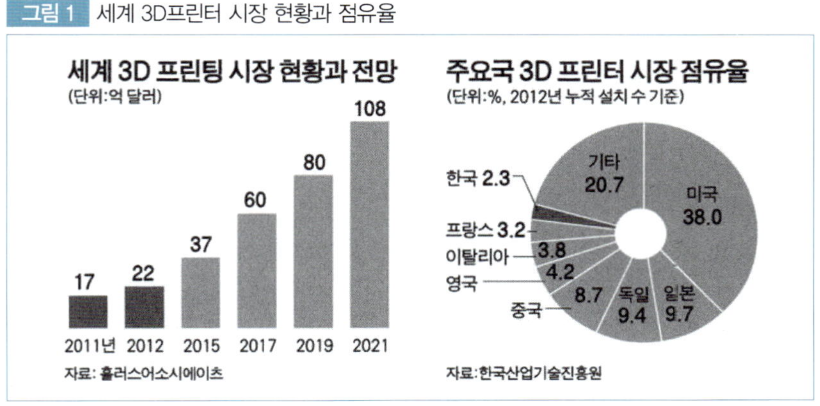

　[그림 1]에서 보여지듯이 3D프린터 시장은 정배열로 날로 증가하게 되는데 2015년 이후 단 5년 동안 3배수 이상 증가가 예측됨을 알 수 있다. 또한 3D프린터 산업은 단지 장치산업 증가에 국한되지 않는다는 것에 초점을 맞출 필요가 있다.

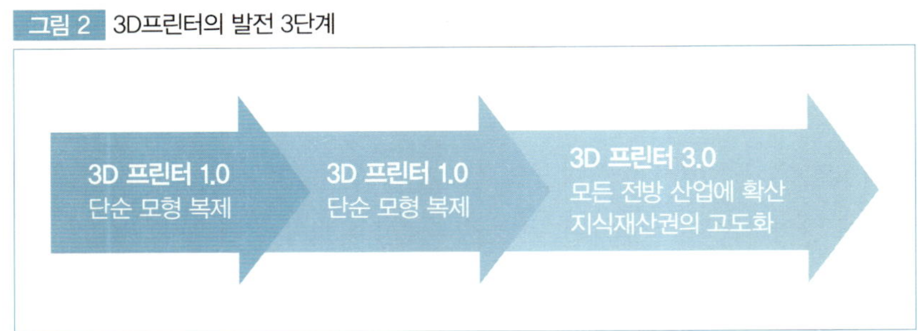

　현재까지 3D프린터는 단지 모형을 복제할 수 있는 수준에 그쳐있지만 기술이 집적되고 원자재의 다변화가 성공적으로 이루어지게 되면 3D프린터는 생산체제의 변화를 통해 산업 다방면에 확산되어 생산 방식을 혁명적으로 바꿀 수 있다. 이러한 기술 발전의 최종 단계에서는 이제 매뉴팩처(manufacture)라고 불리는 물리적인 제조방식에서 지식재산권의 추상적인 제조방식이 일반화되며, 사람의 머릿속이나 컴퓨터에 저장되어 있는 지식재산이 바로 생산과 일치되는 시대가 도래할 것이라 생각된다.

　단순히 미래예측 수업에서 논의된 내용을 바탕으로 3D프린터를 3차 산업혁명으로 보는 것은 아니다. 3D프린터의 보급이 3차 산업혁명으로 불리는 이유는, 기계 절삭 및 성형 등 기존의 생산 방식을 탈피하여 일괄된 방식으로 어떤 형태의 제품도 만들어낼 수 있기 때문이다. 치과 등의 의료 분야는 물론, 각종 가정용품을 비롯해 자동차나 비행기 등에 쓰이는 기계장치도 3D프린터로 생산이 가능하다. 이미 자동차 업계에서는 엔진 등 핵심 부품을 3D프린터로 만들어내는 공정을 연구하고 있다.

특히 상업적으로 사용되지만, 인간의 정신활동으로 창작된 발명품, 문학, 예술품, 디자인, 심볼, 명칭, 이미지 등 그 누구나 생산 가능한 체제로 발전하면서 그 무엇보다 생산 자체가 지식재산과 일체화되고, 산업시장의 변화 속에서 지식재산권의 보호가 새롭게 강조되는 현실이 올 것이다. 이러한 기술의 발전에 걸맞은 제도의 정비가 필요하다.

본론에서는 1단계 문제정의, 2단계 관련 요소 추출, 3단계 핵심동인 결정, 4단계 미래예측 기법(STEPPER, 상호작용 다이어그램, 미래분할, TSEP 분석, 3차원 미래예측법 등)을 이용할 것이며 결론에서 기법들의 결과를 통합하여 3D프린터 산업의 미래를 예측하고 미래사회에 필요한 3D프린터-IP 전략을 제언한다.

Ⅱ. 미래예측

1. 문제정의

표 1 설문조사 결과

분야	내용
1. 프로젝트 목적	2030년 3D프린터로 야기될 IP보호제도 전략 제시
2. 사용자 및 용도	사용자 : 모든 산업 관련자, 순수개인 용도 : 3D프린터 발전 방향 제시
3. 자원(기간 및 예산)	기간 2개월, 관련 전문가 4인 등
4. 예측대상 시간범위	약 15년 후의 미래
5. 프로젝트 참여자	이세민, 이세훈, 고승현, 박세희
6. 이해관계자	기존 산업 생산업자, 순수개인
7. 데이터 활용 여부	동향 보고서, 논문, 판례, 뉴스기사
8. 예측방법, 결과통합 방법	STEPPER, 상호작용 다이어그램, 미래분할, TSEP 분석, 특허분석, 3차원 미래예측법
9. 소통(사용자, 이해관계자)	관련 포럼/세미나 발표, 기업체 방문 발표, 온라인 문서/동영상 자료 배포
10. 결과물(실행, 유지보수)	3D프린터-IP의 미래전략 보고서

우리 팀의 프로젝트 목적은 2030년 3D프린터로 재편성될 산업시장의 IP 전략을 제시하는 것이며 주 사용자는 3D프린터로 새로운 산업 주체로 등장할 개인이 될 것이다.

예측 대상의 시간범위는 2030년이며 프로젝트 참여자는 MIP 10조(이세민, 이세훈, 고승현, 박세희)로 구성하며, 정보활용으로는 동향보고서, 논문, 판례, 뉴스기사 등이 인용되었고, 예측기법으로 STEPPER, 상호작용 다이어그램, 미래분할, 3차원 미래예측법을 활용하며 TSE 기법에 Policy를 더한 TSEP 분석이 이루어질 예정이다.

2. 관련 요소 추출

1) STEPPER

3D프린터-IP의 미래에 관해 각계 전문가 4명이 브레인스트밍을 했으며 STEPPER를 이용해 체계화시켰다. 또한 이후에 중요한 요소들을 추출해 핵심동인 후보군으로 선정하였다.

Society 사회	산업형태의 변화, 개인주의 확산, 핵가족화, 노령화, 인구 감소, 다문화, 세계화, 종교갈등, SNS, 노동력 감소, 인건비 상승.

사회 분야에서는 산업형태의 변화, 노령화, 인구감소, 다문화, 세계화, 노동력 감소 등의 요소들이 3D프린터의 동인으로 추출되었다. 선진국의 인구감소로 인한 인건비 상승 등은 향후 대량 생산체제에서 다품종 소량 생산체제로 변화를 예고하여 산업형태를 바꿀 것이다. 또한 개인주의 확산에 따른 개성의 다양화로 더 이상 대량 생산 기성품으로는 대중의 욕구를 채워주지 못할 것이다. 따라서 개인주의 확산을 핵심동인으로 선정하였다.

Technology 기술	바이오 프린팅, 오픈소스, 3D프린터 원자재, 3D스캐너, 재료공학, 의학, 보안기술, 로봇공학 발달

기술 분야에선 3D프린터의 기술적 특성상 원자재 개발인 재료공학이 가장 큰 핵심동인으로 생각되었으며 그 외 IP보호제도를 위한 보안기술의 발전, 로봇공학의 발달 등이 기타 요인으로 생각된다.

Environment 환경	환경오염, 자원고갈, 재활용 기술, 온난화, 해수면 상승

환경 분야에선 위와 같은 요소가 추출되었고 3D 산업에서는 환경오염과 자원고갈로 인한 재활용 기술이 핵심동인으로 추출되었다.

<table>
<tr><td>**Population**
인구</td><td>고령화, 생산인구 감소, 저출산, 노동 숙련도저하, 고학력, 다문화,</td></tr>
</table>

인구 분야에선 위와 같은 요소가 추출되었으나 3D프린터 산업에서는 고령화와 저출산으로 생산인구 감소가 가장 큰 요인으로 파악된다.

<table>
<tr><td>**Politics**
정치</td><td>Source의 안전검증, 문화지체, 법적 규제, 사후적 법제 도입, 보안인증, 지식재산권</td></tr>
</table>

정치 분야에선 법적 규제가 중요 요소로 선택되었다. 3D프린터 산업이 태동 및 발전하기 위해서는 개인들에게 자유로운 생산활동을 맡기되 사회 안전을 보장하기 위한 법적 제도가 정비되어야 하고, 위험한 용도로 악용될 소지를 사전에 봉쇄하기 위한 법적 규제가 필수적이라고 생각하였다.

<table>
<tr><td>**Economics**
경제</td><td>다품종 소량 생산, 제조업, 개인 혹은 중소기업 창업의 용이성, 소득의 불균형, 제품의 다양화, 인건비 상승, 헬스케어 산업 발전, IP금융</td></tr>
</table>

경제 분야에선 3D 프린팅 제조의 대중화로 개인이 주도하는 제조업 혁신이 일어나고 소득불균형은 더욱 심해질 것으로 예상했다.

<table>
<tr><td>**Resources**
자원</td><td>화석연료 고갈, 신소재 개발, 합성수지, 재생자원 수요증가</td></tr>
</table>

자원 분야에선 위와 같은 요소가 추출되었고 3D프린터 산업에서 화석연료의 고갈로 인한 재생자원 수요 증가를 핵심동인으로 파악하였다.

3. 핵심동인 결정

1) 상호작용 다이어그램

STEPPER를 이용해 결정한 9가지 핵심동인을 나열하고 각각의 상관관계를 [그림 3]과 같이 표기하였다.

미래를 보는 7개의 시선

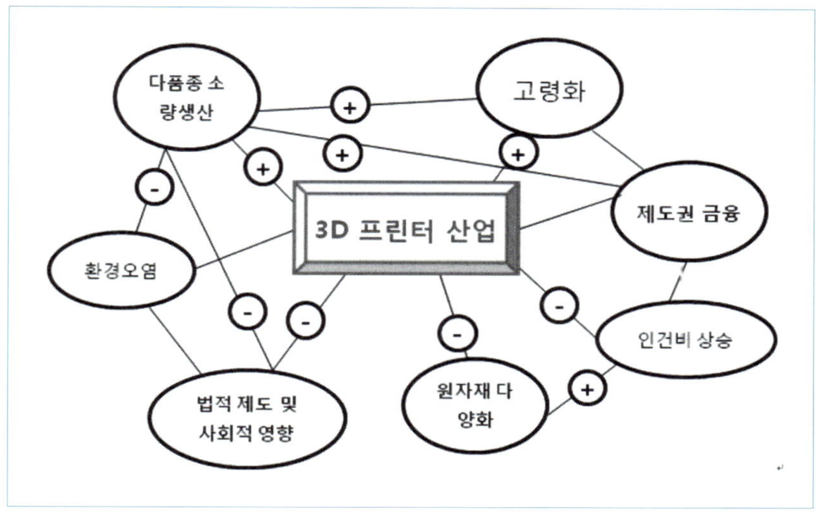

핵심동인 결정	IP보호제도(법적 제도 및 사회적 영향), 제도권 금융, 다품종 소량 생산, 원자재 다양화

다만, 그 이전에 각 동인들 중 주요 요인들에 대해 기존 통계청 자료, 전문가 인터뷰, 자료 조사 등을 이용하여 상관관계 분석을 한 결과, 서로 간의 상관관계로 인해 향후 미래예측에서 고령화와 인건비 상승, 식량부족 등은 양의 상관관계를 가지고 유사한 움직임을 보일 것으로 예상되었고, 법적 제도와 다품종 소량 생산 간에는 서로 음의 상관관계를 보일 수 있음이 도출되었다.

다품종 소량 생산은 생산체계 변화의 대표적 변화요인이기는 하나, 미시적 관점에서는 법적 제도가 완전히 자리잡을 때까지 바이오 소재 등 산업 발전이 먼저 시작되고 법적 제도가 따라가는, 즉 법적 제도의 미비로 인해 산업발전이 더뎌지는 효과가 나타날 수 있다는 전제에서 선택되었다. 이를 바탕으로 완성된 상호작용 다이어그램 및 상관관계 분석에서 요소들에 가장 많은 영향력을 끼치되 서로 간에 상관관계가 적은 독립변수 또는 양의 상관관계를 가지는 복수의 변수들을 하나로 묶어 핵심동인으로 결정하였다.

따라서, 핵심동인으로 결정된 4가지 요소 중 각 요소들에 결정적인 영향을 미치는 제도권 금융과 IP보호제도 2가지 요소를 독립변수로 최종 결정하였다.

여기서 제도권 금융이라 함은 3D프린터의 제조는 대기업 중심의 산업이 될 수 있으나, 이를 활용하여 산업에 적용하는 주체는 중소 벤처기업이 될 수밖에 없고, 이를 활성화시키는 방법은 기술의 발전만큼이나 중요한 부분으로 금융 지원제도가 자리를 잡는 것이라 할 수 있을 것이다.

2) 미래분할

그림 4 미래분할 사분면

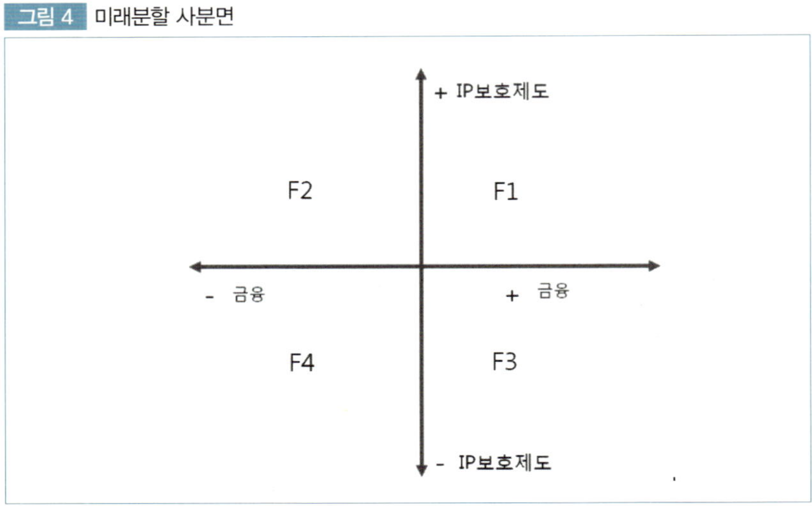

상호작용 다이어그램을 통해 핵심동인으로 선정된 IP보호제도와 제도권 금융의 2가지 독립변수를 각각 X축과 Y축으로 결정하여 미래분할 기법을 통해 F1, F2, F3, F4의 4가지 미래상을 결정하였다.

IP보호제도가 발전함에 따라 제도권 금융도 자연히 발전하는 것으로 예

미래를 보는 7개의 시선

상되나, 실제로는 선후행의 시간적 차이가 존재하고 다양한 사회적 필요에 따라 이들 핵심동인들은 서로 독립적으로 변화할 수 있음을 공감하고 이에 대해 독립적인 부분으로 미래를 예측하였다.

4 미래예측

1) 미래분할 예측

<table>
<tr><td>F1 미래
르네상스
IP보호+
금융 지원+</td><td>· 고부가가치 산업에 3D프린터가 적용되며 금융 지원의 활성화로 사업 시작을 위한 자본 조달이 용이해진다.
· 기술력과 아이디어를 갖춘 벤처가들의 창업이 크게 늘어나고, 기존 기업들 또한 3D프린터 산업에 뛰어들어 시장이 부흥된다.</td></tr>
</table>

3D프린터와 관련된 지식재산권 보호제도가 잘 정비되어 고부가가치 산업에 3D프린터가 활발하게 적용되고, 이와 관련된 금융 지원 또한 잘 발달되어 필요한 자본을 쉽게 조달할 수 있으므로 시장 진입장벽이 크게 낮아진다.

이로 인하여 기술력과 아이디어를 갖춘 사람들의 벤처 창업이 활발해지고, 기존의 대기업들 또한 부담 없이 3D프린터 산업에 참가 가능해 3D프린터 산업이 크게 성장하며 수많은 제품을 3D프린터로 생산하는 시대가 된다.

3D프린터가 제조업 분야의 기존 설비를 대체함으로써 생산직 노동자들의 실업 문제가 발생하지만, 이는 창업 붐과 시장 호황으로 인한 고용 및 경제적 이득 창출 효과로 상계되어 사회적 갈등은 크지 않을 것으로 예상된다.

다만, 여기에는 IP보호제도가 과연 누구를 보호할 것인가의 문제가 남

05 3D프린터의 미래

아 있다. 대한민국 특허제도는 발명을 보호·장려함으로써 국가산업의 발전을 도모하기 위한 제도(특허법 제1조)이나, 현재로서는 기득권자의 시장을 지켜주는 용도로 활용되는 측면이 적지 않다. 즉, 긍정적으로 생각하면 중소 벤처기업과 같은 기술 중심의 기업들이 자신들의 산업기술을 보호하기 위한 제도가 정착되는 것이 바람직하나, 소재의 독점, 디자인이나 설계도의 보호 측면에서는 아무래도 대기업의 시장 점유가 좀 더 높다고 보는 것이 현실적이다.

즉, 다양한 미래를 예측함에 있어 핵심동인의 양의 방향이 발전이라 할지라도 그 발전 방향이 우리가 예측하는 바람직한 방향이 아니라면 앞서 예측한 내용이 전혀 다른 방향으로 산업에 영향을 미칠 수 있다는 것 또한 간과해서는 안 될 것이다.

<table>
<tr><td>F2 미래
대기업 중심 발전
IP보호+
금융 지원−</td><td>· 강한 IP보호제도로 고부가가치 산업에 대한 3D프린터 시장은 발달하지만 금융 지원이 뒷받침되지 못해 스타트업 회사가 자금을 조달하는 데 어려움이 있다.
· 3D프린터를 통한 제품 제조는 자금 융통이 용이한 대기업 중심으로 시행되며, 이를 위한 부품 및 원자재 가공은 중소기업들이 주로 수행한다.</td></tr>
</table>

잘 갖춰진 IP보호제도에 의해 고부가가치 산업에 대한 3D프린터의 적용은 활성화되지만, 이를 뒷받침하는 금융 지원이 미비하여 벤처기업들의 자금 융통은 여전히 어렵다. 이러한 진입장벽으로 인해 부가가치가 높은 제품 제조업 분야(B2C)는 자금 융통이 용이한 대기업들이 주도할 것이며 벤처나 연구소, 중소기업 등은 3D프린터에 필요한 부품 납품 및 원자재 가공 사업(B2B) 분야를 담당한다.

현재와 유사한 산업 구조가 예상되는데, 대기업 중심 경제체제의 고용 창출 효과와 부의 재분배 효과가 크지 않다는 점을 고려할 때, 현재보다

미래를 보는 7개의 시선

더 큰 빈부격차가 발생할 것으로 예상된다. 또한 3D프린터로 인해 직장을 잃은 실업자 수도 급증하여 사회적 갈등이 커질 것으로 예상된다. 다만, 이 경우에도 앞서 핵심동인 선정에서 거론되었던 고령화와 인구 감소로 인해 일할 수 있는 사람이 줄어드는 노동력 감소와 관련하여 단순 반복이나 사람의 역할이 줄어드는 분야에서 노동력을 대체하는 형태로 3D프린터의 산업 발전이 이루어진다면 이 또한 3D프린터 산업에 긍정적 영향을 미칠 것이라 사료된다.

<table>
<tr><td>F3 미래
레드오션
IP보호−
금융 지원+</td><td>· 약한 IP보호제도로 인해 단순 제조업 등 특정 분야에만 3D프린터가 적용되며, 금융 지원의 활성화로 3D프린터 산업의 진입 장벽이 크게 낮아져 중소기업들의 참여가 활성화된다.
· 한정된 분야에 많은 업체들이 몰려 경쟁을 벌임으로써 시장은 레드오션으로 변하고, 3D프린터 시장은 몰락한다.</td></tr>
</table>

미비한 IP보호제도로 인해 유사 제품의 등장을 억제시킬 수 없는 바, 고부가가치 산업에 대한 3D프린터의 도입은 지연되고 단순 제즈업 분야에만 주로 사용된다. 다만, 잘 발달된 금융 지원 시스템으로 인해 자금에 접근성이 높아져 중소기업들의 3D프린터 활용이 크게 활성화된다.

시장에 일찍 진입한 개척업체들이 초반에 이득을 볼 수 있으나, 낮은 진입장벽으로 인해 짧은 시간 내 다수의 벤처기업들이 유입되거, 기존의 업체들이 생산한 제품들을 카피하기 시작한다. 이로 인하여 3D프린터 관련 시장은 레드오션으로 변하고, 3D프린터 관련 업계의 기대 수익이 악화되어 결국 몰락의 길에 들어선다

3D프린터 산업이 발전하지 못한 이유는 여러 가지이다. 그중에서도 수요 연계형 3D프린터 산업이 없었던 부분을 들 수 있다. 즉, 단순 제조업 분야에만 자동화를 위한 기반으로 3D프린터 산업을 바라보다 보니, 단순 소

규모 제조업에만 해당 기술이 적용되는 경향을 탈피하지 못한 것이다. 즉, 사용자가 원하는 물품을 3D프린터로 제작할 수 있도록 플랫폼을 제공하고, 이를 활성화시켜 산업 발전을 이끌어내는 작업이 필요하다. 이러한 공감대 형성을 통해 IP보호제도가 도입되는 것을 거부감 없이 받아들일 수 있을 것으로 기대한다.

<table>
<tr><td>F4 미래
계륵
IP보호－
금융 지원－</td><td>· 약한 IP보호제도로 인하여 3D프린터 산업은 경쟁사 제품의 카피가 만연하며, 금융 지원의 미비로 진입 장벽 또한 낮지 않다.
· 기존의 방식을 3D프린터로 대체할 필요성이 없어 대부분의 제품들은 기존의 방식으로 제작되며, 3D프린터 시장은 발달하지 않는다.</td></tr>
</table>

대기업 입장에서는 기존의 생산 방식을 굳이 3D프린터로 바꿔야 할 만큼 3D프린터 산업의 부가가치가 높지 않으며, 벤처기업 입장에서도 금융 지원이 충분하지 않아 시장에 선뜻 들어서기가 쉽지 않다. 결국 3D프린터 시장은 계륵과 같은 존재가 되어 성장 가능성은 존재하나 활성화되지는 않는 상태가 계속 유지될 것이다.

이런 상황에서는 산업발전을 꾀할 수는 없겠으나, 선진국이나 중국과 같은 생산 기지와의 경쟁에서 살아남기 위해 다양한 지식재산권의 확보가 중요해질 것이다. 즉, 현재로서는 또는 가까운 미래에서 산업 발전을 기대할 수 없는 상황에서는 적어도 추격자(fast follower)로서의 위치라도 지키기 위해 향후 산업 진입의 토대를 마련해 놓는 것이다. 3D프린터 선진국과 비교해 국내 특허 비중은 6.8%에 불과하다. 미래부와 산업부는 이 비율을 2020년까지 20%까지 끌어올린다는 로드맵을 짰다. 또, 장비와 소재, 소프트웨어 등 분야별로 필수적인 기술을 개발할 계획이다.[1]

1　미래창조과학부(2014), 「3D프린팅 산업 발전전략」

미래를 보는 7개의 시선

그림 5 3차원 미래예측

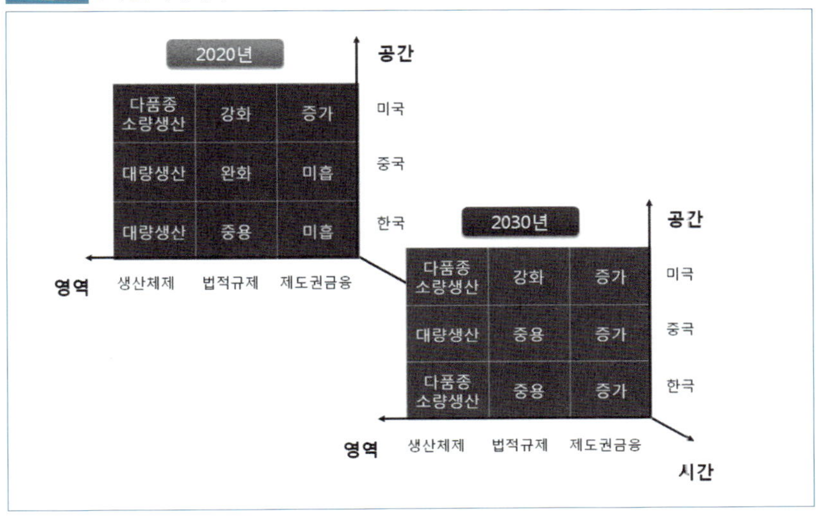

3차원 미래예측법의 영역 축은 핵심동인에서 결정한 IP보호제도, 생산체제 및 제도권 금융 3가지 독립변수로 선정하였으며, 공간 축은 미국, 중국, 한국 3개국으로 선정하였고, 시간 축은 2020년과 2030년으로 설정하였다.

시간의 축을 2020년과 2030년으로 정한 것은 각국의 기술로드맵2과 특허 동향을 근거로 예측하면, 2020년에 주요특허가 소멸되고, 각 산업이 제 궤도에 오르면서 소송이 증가하는 시점으로 보고 있기 때문이다. 즉, 현재는 동인들이 서로 다른 방향으로 배열되어 있으나, 향후에는 국가별로 유사한 방향으로 발전해 갈 것으로 예측할 수 있을 것이다.

3차원 미래예측법의 항목별 예측기준은 다음과 같다.

---

2 한국지식재산보호협회(2014), 「해외특허분쟁 대응전략 로드맵」

① 제도권 금융 : 현재의 제도권 금융은 중소기업보다는 대기업 위주의 담보나 신용정책에 머물러 있고, 엔젤투자자들도 3D프린터보다는 핀테크나 모바일 산업 등 가시적인 부분에 투자를 집중하고 있어, 제조업에 속하는 3D프린터에 대한 금융제도는 상대적으로 미흡한 측면이 있다. 다만, 향후 3D프린터에 대한 IP보호제도가 발달하고 국가별 산업의 경계가 무너지는 현상이 심화되면 결국 제도권 금융도 수익을 창출할 수 있는 3D프린터 산업에 투자해야만 할 것으로 예상된다.

② IP보호제도 : 중국의 경우 과거부터 현재까지의 추세를 검토한 결과 초기에는 낮은 IP보호제도를 시행할 것으로 예상되며, 추후 중용적인 집장을 고수, 산업의 추이를 관망할 것으로 예상된다.

③ 생산체제 : 중국은 중국 내 서부지역을 개척하고 기존 대량 생산 설비를 활용하기 위해 지속적으로 대량 생산 체제를 유지할 것이라 예상되며, 한국의 경우 3D프린터의 원가 하락과 원재료의 다양화 등으로 인해 점차 다품종 소량 생산의 체제로 변경될 것으로 예상된다.

Ⅲ. 결론

1. 결과통합 및 미래전략

1) 결과통합(미래예측)

지금까지 다양한 미래예측 기 법을 사용하여 3D프린터-IP의 미래를 예측하였다. [그림 6, 7]은 미래분할 기법을 통해 분할한 미래에서 미래분할 예측 기법을 통해 만든 4가지 미래를 현재, 중간, 희망미래로 구분하고 어떻게 변모할 것인지 흐름과 함께 상황을 설명하였다.

 그림 6 미래흐름 예측

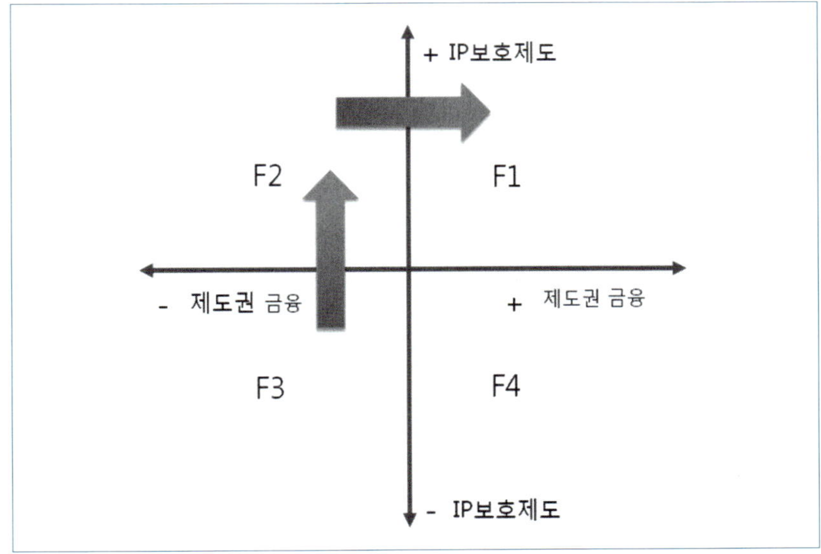

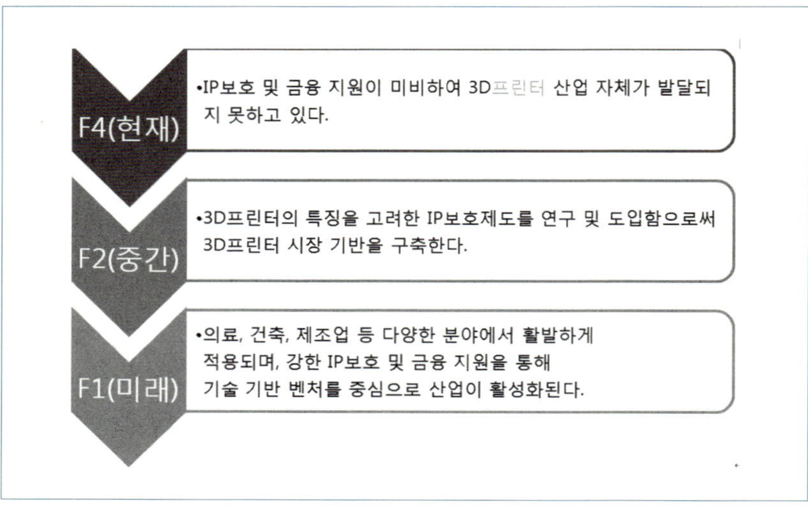

① 현재 : F4(계륵)

우선 현 상태가 상기 사분면 중 어디에 해당하는지 파악하고, 목표로 하는 희망미래를 분석한 뒤 이를 위한 중간 단계가 어디에 해당하는지 분석하겠다.

현재 3D프린터 업계는 F4, 즉 계륵 상태로 파악된다. 3D프린터를 통해 기존의 제품들을 손쉽게 복제 및 역설계가 가능하다. 하지만 현재의 지식재산권 법체는 이러한 3D프린터의 특성을 반영하지 못하고 있다. 3D프린터 및 IP 관련 금융 지원 또한 충분히 성장하지 못한 상태이다. 투자은행과 벤처캐피털이 크게 발달한 미국과는 달리 우리라는 IP금융이 활성화되지 못하고 있으며, 특히 3D프린터와 관련된 금융 지원은 전무한 상태이다. 따라서 한동안 3D프린터 산업은 미발달 상태일 것으로 예상된다.

② 희망미래 : F1(르네상스)

　3D프린터 산업의 희망미래로는 F1, 즉 르네상스를 선정했다. IP보호제도와 금융 지원이 고르게 발달된 F1에서는 대기업과 벤처기업이 모두 3D프린터 산업에서 왕성한 활동을 보이며, 그 결과 고용 창출 효과와 시장의 호황으로 인한 경제 발전을 기대할 수 있다. 소비자 또한 고품질의 물건을 저렴한 가격으로 구매할 수 있다.

　이는 3D프린터에 관한 기술 개발 및 발전을 촉진하여 외국에 비해 빠르게 경쟁력이 상승하는 요인이 될 수 있다. 이는 저성장의 늪에 빠진 대한민국이 다시 한번 성장할 수 있는 원동력이 될 것으로 기대된다.

③ 중간 단계 : F2(대기업 중심 발전)

　현 상태인 F4에서 희망미래인 F1으로 발전하기 위해서는 두 핵심동인인 IP보호제도와 금융 지원의 발달이 요구된다. 이 중 IP보호제도 법제를 재정비하는 것이 우선이라고 판단되어 중간 단계로 F2를 선정하였다.

　자본주의 사회에서는 금전적 이득을 얻을 수 있는지가 가장 큰 판단 기준이다. 3D프린터 산업의 시장성이 검토되지 않은 상태에서 정부가 핵심 산업으로 지정, 금융권에게 지원할 것을 요구한들 금융권에서 받아들이기 힘들 것이다. 하지만 잘 정비된 IP보호제도 법제에 의해 3D프린터 산업이 발달한다면 이를 위한 금융 지원 시스템은 자동으로 구축될 것이라 예상된다.

　이를 위해서는 3D프린터 시장이 활성화되는 변곡점을 파악하여 이 시점에 맞춘 전략적 IP보호제도 법제 재정비가 요구된다. 위에서 언급한 바와 같이, 3D프린터 시장의 변곡점은 2020과 2030년으로 예상되는데, 이는 원천특허들의 특허 소멸이 2020년과 2030년에 집중되기 때문이다. 이를 위해서는 IP보호제도 법제도의 정비 필요성에 대한 사회적 합의를 도출하고,

이를 위한 일관성 있는 정책 및 법률 도입이 요구된다 할 것이다.

2) 미래전략

- 3D프린터의 특성을 고려하여 IP보호제도 법제 재정비

  지적재산권을 보호하기 위한 복제품 방지법과 3D프린터로 불법 무기
류를 만드는 것을 막기 위한 제도 발굴
- 3D프린터 등 신기술 산업에 대한 금융 지원을 활성화시키는 정책 수립
- 3D프린터 원천기술의 소멸 시점을 예측하여 이와 관련된 응용 기술

  들을 준비
- 3D프린터 플랫폼 구축

  3D프린터에서 활용할 수 있는 디자인을 유통할 수 있는 플랫폼 구축
- 전산 및 소프트웨어 교육 강화
- 창의성 및 디자인적 사고를 갖춘 인재 양성 교육

미래를 보는 7개의 시선

 참고문헌

– 한국지식재산보호협회(2014), 「해외특허분쟁 대응전략 로드맵」

– 미래창조과학부(2014), 「3D프린팅 산업 발전전략」 한국지식재산연구원. 지식재산정책 vol.20 2014.09.

– 국가과학기술심의회, 「3D프린팅 산업 발전전략(안)」, 2014.04.23.

– 한국기계산업진흥원, 「차세대 제조산업 3D프린팅의 국내외 시장동향과 시사점」, 2014.04.

– 아시아경제 인터넷 뉴스(http://view.asiae.co.kr/news/view.htm?idxno=201412021 8533519101)

– 대한기계학회(2014), 「3D Printing 기술 현황 및 응용 활용」

06

핀테크의 미래

IP의 미래

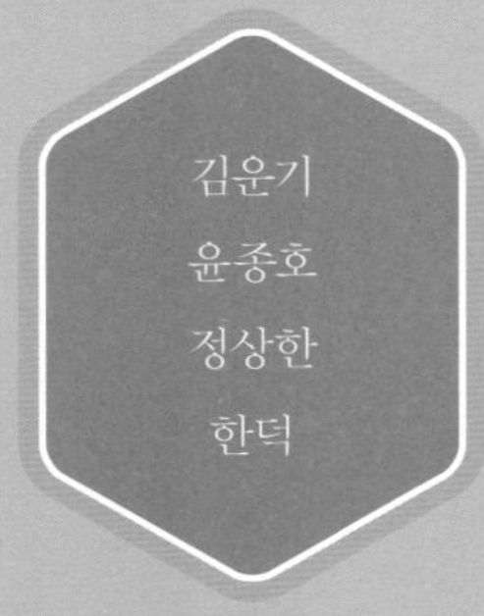

contents

Ⅰ. 개요

1. 왜 핀테크-IP의 미래인가?

핀테크는 금융(finance)과 기술(technology)의 합성어로, 금융과 IT의 융합을 통한 금융서비스 및 산업의 변화를 통칭한다.

제도권 금융서비스의 변화로는 모바일, SNS, 빅데이터 등 새로운 IT기술 등을 활용해 기존 금융기법과 차별화된 금융서비스를 제공하는 기술기반 금융서비스 혁신이 대표적이다. 최근 사례는 결제를 간편히 할 수 있는 간편결제 앱이나 풀뱅킹 서비스를 지원하는 모바일뱅킹 등이 있다.

산업의 변화로는 비금융 기업이 혁신적인 핀테크 유관기술을 보유하여 간편결제와 같은 금융서비스를 제도권 금융기관을 거치지 않고 이용자에게 직접 제공하는 알리페이나 애플페이와 같은 서비스가 있다.[1]

그림 1 세계 핀테크 투자규모 추이[2]

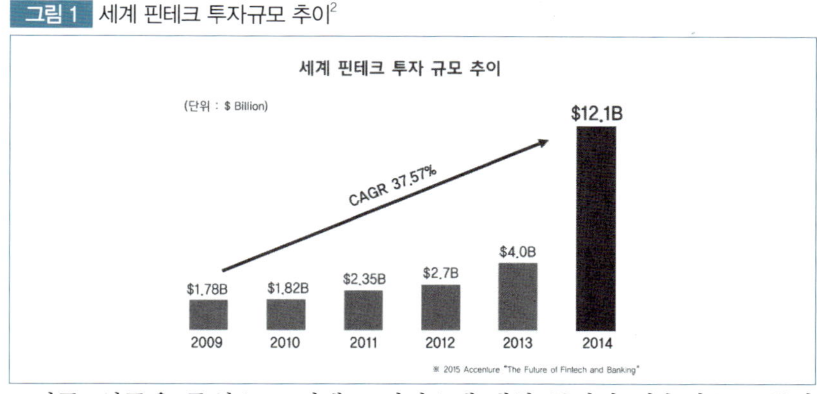

미국, 영국을 중심으로 핀테크 서비스에 대한 투자가 지속적으로 증가

---

1 금융위원회(2015), 『금융용어사전』

2 Accenture(2015), 「The Future of Fintech and Banking」

하고 있다. [그림 1]의 세계 핀테크 투자규모 추이를 보면 2009년부터 태동
한 핀테크 산업은 2014년까지 약 14조 원 규모의 시장으로 성장하였다. 현
재 독일, 네덜란드와 같은 신흥 핀테크 국가들은 적극적인 정책적 지원에
나서고 있으며 우리나라도 2015년을 기준으로 '금융개혁'이란 표어아래 핀
테크에 대한 정부차원의 변화가 시작되었다. 앞으로의 발전가능성은 다양
한 형태로 가속화될 것으로 예상되며 미래 금융시장이 핀테크로 인해 재
편될 것은 자명해 보인다.

그림 2 핀테크와 지식재산의 다이어그램

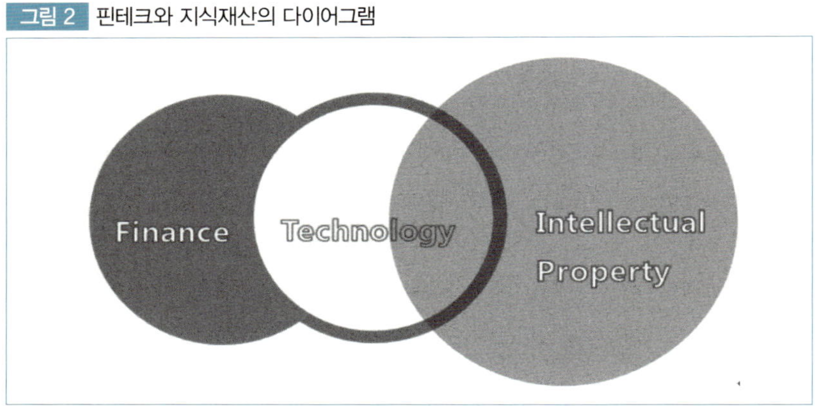

핀테크는 금융과 기술이 합쳐진 신(新)산업으로 그동안 금융업에서 보조
역할에 지나지 않았던 기술영역이 강조되며, 나아가 역전할 가능성이 높
은 산업 분야이다. 이러한 기술의 발전과 보호에는 지식재산의 역할이 매
우 크며 자연스럽게 핀테크 산업에서도 그 중요성이 커지고 있다.

지식재산(intellectual property)이란 상업적으로 사용되는 인간의 정신활동
으로 창작된 발명, 문학, 예술품, 디자인, 심볼, 명칭, 이미지 등을 지칭한
다. 이는 산업재산권에 대한 특허법, 실용신안법, 디자인보호법, 상표법과
저작권법 등으로 보호되며 지식재산을 발명하거나 만든 사람들의 경제적

이익이나 인증을 가능케 한다.[3] 최근에는 위에서 언급한 전통적인 권리를 넘어서 지식재산권의 범주로 첨단산업재산권, 산업저작권, 정보재산권 등으로 보호되는 컴퓨터 프로그램, 데이터베이스, 영업비밀 등의 영업활동 전반에서 창출되는 지식재산에 대해서도 보호하고 있으며, 그 중요성이 커지고 있다.

기존 제도권 금융도 BM이나 금융 IT기술을 지식재산으로서 보호해 왔지만 영업의 근간이 되는 수신, 여신, 외환 사업 등은 은행법에 의해 허가되어 독점해왔기 때문에 그 중요성은 크지 않았다. 하지만 기존의 제도권 금융시장이 핀테크 시장으로 재편한다면 금융시장은 산업시장과 같은 완전경쟁 체제로 변화할 것이며 기술의 발전, 보호 등 생존을 위해 시장의 논리에 맞는 지식재산전략도 필히 갖추어야 할 것이다.

 NPE의 핀테크 소송들

또한, NPE(Non-Practicing Entities, 비실시기업)와 같이 지식재산을 가지고 업으로 삼지 않고 그것을 이용해 소송으로 경제적 이익을 취득하는 다국적

기업들은 최근에 급성장하고 있는 핀테크 시장에 눈독을 들이고 있으며, [그림 3]과 같이 핀테크 기업들에 대한 소송전쟁을 서서히 시작하고 있다 (2014 Intellectual Ventures vs. Capital One Bank 사례 등).

이는 기존 제도권 금융과 앞으로 생겨날 핀테크 업체들이 적절한 지식재산전략을 취하고 있지 않으면 다가오는 핀테크 시대에 큰 경제적 손실을 입을 가능성이 있으며, 대부분 다국적 기업으로 이뤄진 NPE들에게 국부가 유출될 가능성이 크다는 점에서 시사하는 바가 크다.

이런 핀테크의 발전과 이로 인해 영향 받을 제도권 금융 및 관련핀테크 산업에서 핀테크-IP의 미래가 어떻게 변화될지에 대한 예측은 중요할 것으로 보인다. 본 보고서에서는 1단계 문제정의, 2단계 관련 요소 추출, 3단계 핵심동인 결정, 4단계 미래예측 기법(STEPPER, 상호작용 다이어그램, 미래분할, TSEP 분석, 특허분석, 3차원 미래예측법 등)을 이용하여 결론에서 이 기법들의 결과를 통합하여 핀테크-IP의 미래를 예측하고 제도권 금융과 핀테크 업체에 필요한 핀테크-IP 전략을 제언한다.

Ⅱ. 미래예측

1. 문제정의

분야	내용
1. 프로젝트 목적	2030년 핀테크로 재편성될 금융시장의 IP전략 제시
2. 사용자 및 용도	사용자 : 은행 등 금융기관, 핀테크 유관 기술을 보유한 IT 업체 용도 : 핀테크 사업 진출/확장을 위한 자료 홍·보
3. 자원(기간 및 예산)	기간 2개월, 관련 전문가 4인 등
4. 예측대상 시간범위	약 15년 후의 미래
5. 프로젝트 참여자	김운기, 윤종호, 정상한, 한 덕
6. 이해관계자	금융사, 법조인, NPE, 인터넷전문은행, IT업체, 금융위원회 등
7. 데이터 활용 여부	동향 보고서, 논문, 판례, 뉴스기사, 특허검색도구 (위즈도메인)
8. 예측방법, 결과통합 방법	STEPPER, 상호작용 다이어그램, 미래분할, TSEP 분석, 특허분석, 3차원 미래예측법
9. 소통(사용자, 이해관계자)	핀테크 포럼/세미나 발표, 기업체 방문 발표, 온라인 문서/동영상 자료 배포
10. 결과물(실행, 유지보수)	핀테크-IP의 미래전략 보고서(보고서에 대한 주기적 업데이트)

이 프로젝트의 목적은 2030년 핀테크로 재편성될 금융시장의 IP전략을 제시하는 것이며 주 사용자는 은행 등 기존의 제도권 금융과 핀테크 유관 기술을 가진 IT기업이 될 것으로 보인다.

예측 대상의 시간범위는 2030년, 즉 15년 후의 미래이며 프로젝트 참여자는 금융/IT/산업 등의 각계 전문가로 구성된 이수이교(수원, 수지, 광교, 판교) 팀 4명이 맡았다.

정보활용으로는 동향보고서, 논문, 판례, 뉴스기사 등이 인용되며 특허

06 핀테크의 미래

분석 툴로 위즈도메인을 이용하여 특허분석을 진행했다.

예측기법으로 STEPPER, 상호작용 다이어그램, 미래분할, 3차원 미래예측법을 활용하며 TSE기법에 Policy를 더한 TSEP 분석과 위즈도메인을 이용한 특허분석이 특징이다.

2. 관련 요소 추출

1) 브레인스토밍

보고서의 이해관계자에 속하는 본 보고서 참여인원(IT기업, 지재권 담당자, 금융권)이 텍스트 마이닝과 각 이해관계자(기업) 내부 보고서 및 관련 문서를 통한 문헌조사를 거친 후 관련 이슈에 대해서 자료 검토, 공유, 숙지 전후 온/오프라인 3차례의 브레인스토밍 과정을 거쳤다.

우선 핀테크에 대한 정의, 기본 배경, 범위 및 개념에 대한 논의를 통해 예측 대상을 확정하는 과정을 거쳤다. 제도권 금융(은행업 및 연계 기관)의 업무 형태, 구성 및 범위, 핀테크 특허 및 현재 작성된 핀테크 발전 로드맵, 특허 공개 및 확보 상황, 지식재산권의 범위, IP의 분쟁 시기, 특허권의 등록 및 소송 경향 등에 대한 논의로 각 대상의 범위를 정하고 STEPPER의 각 항목별 기준 및 표현 방법을 정하는 작업을 했다.

2) STEPPER

핀테크-IP의 미래에 관해 브레인스토밍의 범위와 대상 정의를 하는 과정을 거친 후 각계 전문가 4명이 개인, 공동 브레인스토밍한 내용을 STEPPER를 이용해 체계화시켰다. 또한 이후에 트렌드 분석 자료[4], 보고

4　　KAIST 미래전략대학원(2014), 『대한민국 국가미래전략 2015』, p.52~55, p.66,이콘

서[5] 등의 문헌을 참고로 중요한 요소들을 추출해 핵심동인 후보군으로 선정하였다. 구체적인 선정의 기준 및 방법은 자유로운 브레인스토밍을 통해 나온 요소 중 1차적으로 겹치는 요소를 중심으로 도수를 파악하여 선별하고 2차로 정해진 범위와 대상을 통하여 IP 연관성과 경저성 및 파급력으로 선별 작업을 진행했다. 3차 스크리닝으로 각 핵심요소별 연관성을 파악하여 그룹핑하는 과정을 통해 STEPPER 요소를 정리하였다.

Society 사회	일자리(실업), 새로운 방식에 대한 수용도, 신종사기, 제도권 금융, 신뢰, Pro-patent, IP분쟁(소송, 라이선스, 사업제휴), SNS, 비즈니스 단위, 종사자 수

사회 분야에선 신종사기, 제도권 금융, IP분쟁이 중요 요소로 선정되었다. 신종사기는 핀테크라는 새로운 산업이 생겨나면서 기존에 제도권 금융의 사기와는 다른 새로운 수법의 사기들이 우려되었고, 제도권 금융은 아직까지는 핀테크에서 가장 큰 이해관계자이다. IP분쟁은 핀테크 기술을 가진 기업들을 노린 NPE들의 소송이나 IP의 특성을 이용한 라이선스, 사업제휴 등의 새로운 시장 가능성 때문에 선택되었다.

Technology 기술	소프트웨어, 보안/인증, 빅데이터 분석, 모바일, 스마트 디바이스, 전자지갑, 센서, 가상화, 통신방식, 인프라, IoT, O2O, Ubiquitous, 특허 가능성, 기술협력

기술 분야에선 핀테크의 기술적 특성상 가장 많은 요소들이 추출되었다. 다양한 기술 분야와 기술이 논의되었으나 스크리닝과 그룹핑을 거쳐 그 중에서도 중요 요소로 소프트웨어와 보안/인증이 선정되었다. 소프트웨어는 핀테크의 기반기술이며 보안/인증은 기존의 제도권 금융 고객이

5　KAIST 미래전략대학원(2014), 『대한민국 국가미래전략 2015』, p.134, p.252, p.267~288, 이콘

핀테크를 사용하는 데 가장 중요한 요소로 꼽을 수 있기 때문에 선택되었다.

Environment 환경	종이, 토지, 플라스틱 카드, 전기, 교통

환경 분야에선 종이의 사용량 변화 가능성(less paper or paperless), 토지(오피스 없는 형태의 서비스), 카드 형태의 변화에 따른 자원사용량 변화, 새로운 기술에 의한 데이터 센터 등의 전력 사용량 증가, 통신망의 트랜잭션 증가에 따른 환경적인 요소 등이 추출되었으나 각 요소는 객체적인 성격을 띠며 핀테크 산업에서 핵심적인 중요 요소가 없다고 판단하였다.

Politics 정치	개인정보, 인/허가, 정부 정책(규제), 법(규격) 적용/적용기관, 특허 공개, 특허 무용론, 특허 허브, 체제 변화(보신주의), 기관 실적

인구 분야에서는 고령화와 인구 감소가 모든 미래예측에서 중요한 변화요인으로 작용하고 산업 변화와 인구 감소에 따른 교육 및 훈련, 인력 수급의 문제가 중요할 것으로 예상되었지만 본 보고서의 범위를 고려하여 핀테크 산업에서 중요 요소가 없다고 판단하였다.

Politics 정치	개인정보, 인/허가, 정부 정책(규제), 법(규격) 적용/적용기관, 특허 공개, 특허 무용론, 특허 허브, 체제 변화(보신주의), 기관 실적

정치 분야에선 인/허가 문제와 정부 정책이 중요 요소로 선택되었다. 핀테크 산업이 태동 및 발전하기 위해서는 기존의 제도권·금융권에 법적으로 독점을 허가하였던 영역과 기타 편의성을 저해하는 요소를 개방시켜야만 한다. 그러므로 정부의 인/허가 문제와 정책을 중요 요소로 선택하였다. 법이나 규격을 적용하는 기관의 변화에 따른 system 대립과 특허 허브 유치 등의 변화는 중요한 이벤트로 작용할 것으로 보이나 본 보고서에서는 가능한 미래의 전체적인 모습을 예측하기 위해서 이벤트에 대한 영향

분석은 배제하기로 했다.

Economics 경제	오픈마켓, Open Innovation, 특허 공개, 특허협력, NPE, IP가치, 공유경제, 정책금융(기보, 신보), 조세, 산업 파급력, 수수료, 소송 비용, 특허등록 가능성, 특허 무효 가능성

경제 분야에선 Open Innovation, 특허협력, 산업 파급력이 중요 요소로 선택되었으며 대부분 최신 경제의 핵심인 개방과 관련한 요소들을 선택하였다. 특히 특허협력은 특허 Pool을 구성하여 협력을 통한 기술 발전이나 소송 방어 등으로 IP산업의 화두로 떠오르고 있다.

Resources 자원	교육/훈련, 희토류, 석유, 목재/금속재, 플라스틱, 전기, 전파, 절약

자원 분야에선 위와 같은 요소가 추출되었고 각 요소는 미래예측의 일반적인 판단에 빼놓을 수 없는 요소이나 중요한 동인으로 핀테크 산업에 영향을 주는 요소는 적을 것으로 판단하였다.

3. 핵심동인 결정

1) 상호작용 다이어그램

 상호작용 다이어그램

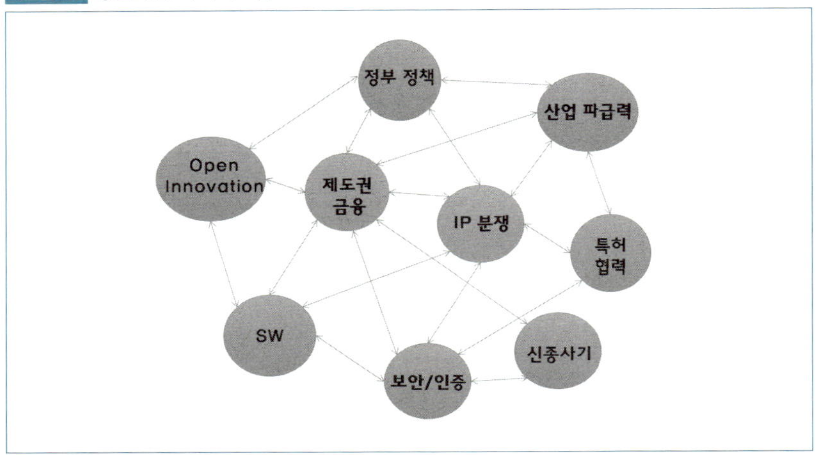

핵심동인 결정	제도권 금융, IP분쟁, SW, 산업 파급력

STEPPER를 이용해 결정한 9가지 핵심동인을 나열하고 각각의 상관관계를 [그림 4]와 같이 화살표로 표기하였다. 완성된 상호작용 다이어그램에서 요소들에 가장 많은 영향력을 끼치는 제도권 금융, IP분쟁, SW, 산업 파급력을 핵심동인으로 결정하였다.

핵심동인으로 결정된 4가지 요소 중 종속 변수의 성격이 강한 산업 파급력을 제외하고 각 요소에 결정적인 영향을 미치는 제도권 금융과 IP분쟁 2가지 요소를 독립변수로 최종 결정하였다. 제도권 금융은 현재 시점(2015년)에서 제도적으로 금융업을 하는 주체의 성격, 영향력, 형태를 의미하며 IP분쟁은 특허를 포함, 영업 비밀, 라이선스 분쟁 등을 아우르는 포괄적인 의미에서의 IP분쟁을 의미한다.

2) 미래분할

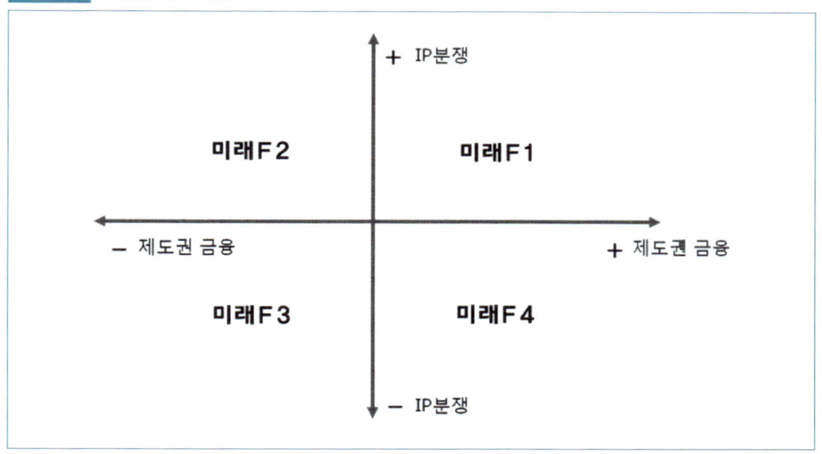

핵심동인 중 상호작용 다이어그램을 통해 결정된 IP분쟁과 제도권 금융 2가지 독립변수를 이용하여 축을 결정하고 독립변수의 미래 상태에 따라 미래상을 예측하는 미래분할 기법을 통해 F1~F4의 4가지 미래상을 예측해 보았다.

4. 미래예측

1) 미래분할 예측

<table>
<tr><td>F1 미래
Optimistic
IP분쟁+
제도권 금융+</td><td>· 종래 제도권 금융이 강화되고 급속히 바뀌는 시대에 대한 변화력이 감소한다.
· 소송 발생 증가로 인해 기업부담이 커지고 IP권리의 자산화가 가속화된다.
· 정부규제가 강화되고 IP진입 장벽이 높아져 핀테크 산업이 후퇴한다.</td></tr>
<tr><td>F1 미래
Optimistic
IP분쟁+
제도권 금융+</td><td>· 종래 제도권 금융이 강화되고 급속히 바뀌는 시대에 대한 변화력이 감소한다.
· 소송 발생 증가로 인해 기업부담이 커지고 IP권리의 자산화가 가속화된다.
· 정부규제가 강화되고 IP진입 장벽이 높아져 핀테크 산업이 후퇴한다.</td></tr>
<tr><td>F3 미래
Passimistic
IP분쟁−
제도권 금융−</td><td>· 제도권 금융과 새로운 비즈니스 모델의 융합이 확대된다.
· 금융 인력 시장이 변모하고 신규 시장에 맞는 새로운 정책 및 제도 수립이 가속화된다.
· 업체 간 방어적 IP협력이 일어나고 기술표준화가 가속되며 오픈이노베이션이 확대된다.</td></tr>
<tr><td>F4 미래
Plausible
IP분쟁−
제도권 금융+</td><td>· 핀테크 사업이 성숙하여 제도권 금융에 편입된다.
· SW 특허의 가치가 줄어들어 영업비밀화 되고 IP협력은 더욱 가속화된다.
· 지속적인 기술 개발로 핀테크 사업의 다양화된 서비스가 활성화된다.</td></tr>
</table>

2) TSEP 분석

TSEP 분석에서는 앞서 STEPPER에서 도출한 중요 요소들을 바탕으로 핀테크-IP를 한층 더 심화 분석하여 미래분할 예측 및 핵심동인에 영향을 미칠 중요 요인들을 추출하여 보았다. TSEP는 기 개발된 기술을 기준으로 사회적, 경제적 그리고 정부 정책적으로 영향을 끼칠 것으로 분석하였다. 기 개발된 기술은 최근의 모바일 결제 기술 IP사례(삼성페이) 등을 참조하였다.

Technology 기술	보안기술, 인증기술, 생체인식기술, 비즈니스 모델

핀테크 모바일 결제 인증 기술을 바탕으로 판단하였을 때, 결제 시 본인임을 확인하는 방법으로는 지문인식, 홍채인식, 얼굴인식, 음성인식 등의 여러 기술을 가정할 수 있다. 이러한 인식기술은 통칭하여 생체인식기술로 볼 수 있고, 이것은 인증기관에서 확인 및 승인할 수 있는 사전 기술 인증(certification)이 전제되어야 한다. 또한 이러한 인증기술과 승인 프로세스에는 금융기관과 IT기업 간에 상호 확인하는 사전 절차가 필수적이며, 금융감독기관의 승인도 필요하다고 할 것이다. 요약하면 기술적으로는 보안인증기술의 신뢰도, 기술 인증기관의 수용도가 중요하다.

Society 사회	효용성, 편의성, 문화/신뢰, 업계/기업정책

사회적 측면에서는 핀테크 IP 관련 신종사기, 제도권 금융의 전횡, IP분쟁(소송, 라이선스, 사업제휴) 등을 고려할 때 기술의 효용성, 편의성과 함께 신뢰도 제공이 매우 중요하다고 볼 수 있다. IT기업의 신기술 개발 노력과 기업의 전략 방향도 영향을 끼치는 요소이다.

Economics 경제	경제적 파급효과, 특허협력, 파트너 Ecosystem, Open Innovation

경제적 측면에서는 기술 IP분쟁으로 인한 IP 중요성 및 가치가 고조되며 동시에 기업 상호 간 기술을 주고받는 Open Innovation이 활성화되는 추세를 보일 것이다. 요약하면 IP분쟁의 경제적 효과에 기인한 Open

Innovation이 추세화된다. Open Innovation을 이루기 위해선 파트너 협력 Ecosystem 구축이 중요하다고 볼 수 있다. 컨소시엄 형태나 IP협력을 위한 JV도 출현 가능하다.

Politics 정치	사회적, 경제적 파급효과, 안정적 금융 Ecosystem, 국경 없는 경제활동 수용, 개인정보 보호정책

정부정책 측면에서는 사회적 금융 안정 차원에서 여러 가지 핀테크 사업 모델(간편결제, 기프트 카드 발급, 온라인 국제 송금 운영 등)에 대한 인허가권을 이용한 핀테크 금융의 통제가 따를 수 있다. 요약하면 사회적, 경제적으로 안정된 금융 Ecosystem 구축이 중요한 키워드가 된다.

3) 특허분석

핀테크 기술에 대한 특허출원, 등록, 소송 현황을 분석하여 핀테크 IP의 미래를 예측하고자 한다. 특허출원, 등록, 소송 현황의 분석 국가범위는 미국으로 한정하였다. 그 이유는 현재 핀테크 관련 출원이 가장 많이 이루어지고 있고, 심사와 소송 결과가 타국에 크게 영향을 미치기 때문이다(한국의 경우는 해당 출원이 적음).

특허출원 분석 범위는 다음과 같다.

① 대상 : 지급/결제/인증 관련 특허(Utility Patent, Design Patent)

② 기술분류 : G06Q/20 "Payment architectures, schemes or protocols"

③ 기간 : 1973년 1월 ~ 2015년 8월

기술분야 CPC G06Q/20에 관한 특허를 대상으로 한 이유는 대부분의 핀테크 분야가 지급/결제/인증에 관한 기술을 기본적 내용으로 하기 때문이다.

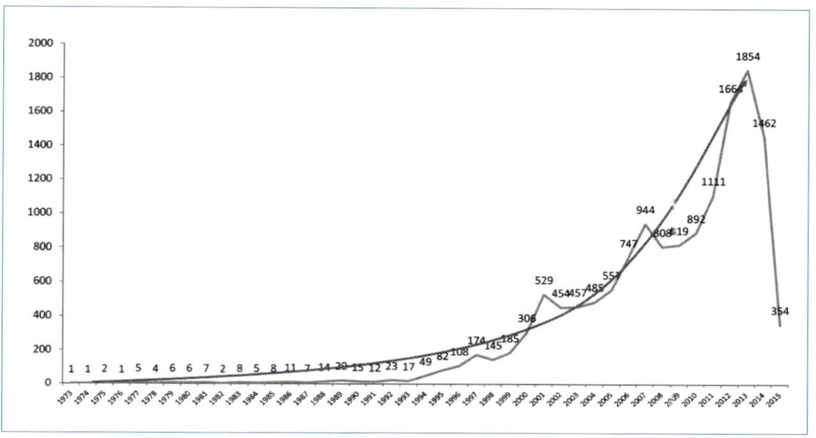

[그림 6]을 보면, 지급결제 관련된 특허출원은 1973년부터 1990년대 중반까지는 미미하게 증가하다가, 1990년 말부터 기하급수적으로 증가하는 양태를 보인다. 이는 인터넷과 관련된 결제, 금융업의 증가 현황을 반영한 것이라 할 수 있다. 그러나 2013년도 들어오면서 출원이 급격히 감소하고 있다. 이는 NPE의 활동력을 줄이는 등의 목적으로 종래의 절차를 변경하고, 다양한 제도를 도입한 특허법 개정의 여파가 반영된 결과이며, 소프트웨어, BM 특허의 성립성을 인정하지 않으려는 법원의 태도(여를 들면, Alice Case)가 반영된 결과이다. 결국, 특허법 개정과 특허 발명의 성립성 이슈는 특허출원의 장벽을 형성하였고, 감소 추세는 당분간 계속적으로 이어질 것으로 전망된다.

상기 특허출원의 주요 특허출원인은 다음과 같다.

 지급결제 분야 주요 특허출원인 동향

순위	출원인	출원수
1	BANK OF AMERICA	420
2	MASTERCARD	376
3	EBAY	284
4	AMERICAN EXPRESS	255
5	IBM	251
6	FIRST DATA	247
7	VISA INTERNATIONAL SERVICE	181
8	NCR CORP	155
9	VISA USA	149
10	WESTERN UNION	138

지급결제 분야의 특허출원은 은행, 카드사, 유통사, IT기업, 송금사 등 다양하게 진행하고 있으며, 전체 출원에 대한 주체별(업계별) 출원비율 역시 비슷함을 확인할 수 있다. 이는 핀테크에 있어서 출원이 다양한 주체에 의해 이루어지고 있고, 주체별(업계별)로 핀테크에 관한 특허에 대해 동등한 힘을 가지고 있을 확률이 높다는 것을 의미할 수 있다. 한국 역시 미국과 같이, 출원인별로(업체별로) 출원 및 등록이 고르게 분포하고 있다.

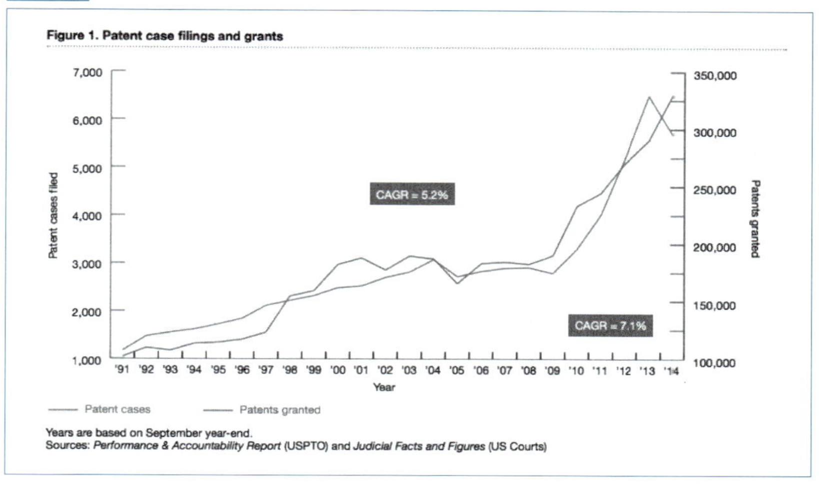

1990년 이후 미국의 특허등록 건수를 살펴보면 계속해서 증가하는 양상을 보인다. 반면, 특허소송 건수는 특허등록 건수와 함께 계속 증가하다가 2013년을 기점으로 감소세를 보인다. 이는 지급결제와 관련된 출원 동향에서 파악된 특허법 개정과 특허 발명의 성립성 이슈에 기인한 것으로 판단된다. 아직 특허등록 건수가 감소세가 아닌 것은 심사상 발명의 성립성 등에 대한 반영이 더디게 진행되고 있기 때문이다.

미국의 특허출원, 특허등록, 특허소송 동향을 볼 때 최근에는 소프트웨어 및 BM 관련 기술에 대해 특허를 허하지 않으려는 성향이 증가하는 것을 확인할 수 있다. 아울러, NPE 또는 PAE(Patent Asserting Entity)의 특허소송에 대한 부정적인 시각이 팽배해지고 있는데 이런 부정적인 시각은 법적 제한과 절차적 제한을 유발하고 있다. 이러한 변화는 미국뿐 아니라, 국제적인 추세라 할 것이다. 핀테크 특허 분야는 현재 급격한 발전을 하고 있지만, 이러한 시대적 상황으로 인해 당분간 감소세를 보일 것으로 예상된다.

---

6   Price Waterhouse Coopers LLP(2015), 「Patent Litigation Study」

그러나 핀테크 산업의 발달과 이에 따른 권리확보의 중요성으로 인해, 핀테크 분야의 출원 전략은 단순 소프트웨어, BM이 아닌 장치와 연계된 특허출원 등으로 변화하고, 관련 출원이 증가할 것으로 예상된다.

반면, 지급결제 분야의 특허출원인 동향을 보면, 어느 한 업계로 출원 건수가 치우치지 않고, 여러 업계에 고루 분포하고 있다. 핀테크는 한 회사를 통해 사업이 이루어질 수 없다. 금융사, 유통사, IT사의 협력이 필수적이다. 이러한 협력이 전제되는 상황에서 고른 특허 분포는 당사자끼리의 특허와 관계된 협력을 쉽게 유도한다. 따라서 핀테크 IP 출원은 그 중요성에 의해 감소 후 증가가 예상되지만, 소송은 특허전략, 협력문화 등의 이유로 계속적인 감소세가 이루어질 가능성이 있다.

4) 3차원 미래예측법

보다 체계적인 미래예측을 위해 3차원 미래예측법을 적용해서 관심영역을 우선적으로 선정하였다. 본 보고서에서 3차원 분석의 관심영역은 이해관계자를 구분하여 IP업, IT업, 금융업으로 한 축을 구성하였고, 다른 한 축으로는 각 기관에서 협력의 스펙트럼이 어떤 식으로 이루어질 것인지를 보기 위해 기업 업무의 공간을 구분하여 협력영역으로 잡았다. 위의 2가지 축의 각 상황이 시간 축에 따른 독립변수들의 변화에 따라 어떻게 변할지 예측해 보았다.

이해관계자 축은 핀테크-IP의 중요 대상이 되는 관계자들로 IP업은 NPE, 지식재산 제반 활동에 관련된 업무를 하는 주체를 이르며 IT업은 실제 기술을 개발하거나 제품을 만드는 업을 영위하는 주체를 이른다. 금융업은 현재 규정으로 금융업으로 분류되는 주체를 의미한다.

협력영역의 축은 각 주체에서 협력의 성격 및 범위를 구분한 것으로 조직의 활동 영역에서 보다 자세한 미래예측을 통하여 미래전략을 세우기

미래를 보는 7개의 시선

위해 설정되었다. IP협력은 각 주체가 소유하고 있는 IP를 기본으로 특허, 라이선스, 영업 비밀 등의 협력을 하는 것을 의미한다. R&D 협력은 기술 협력이나 개발 협력 등으로 새로운 기술 개발 및 제품 구현 또는 그런 활동을 통해 신규 IP를 창출하는 경우를 뜻한다. 비즈니스 협력은 고객 공유나 기존에 구축된 인프라의 협력 등이 예로 신규 비즈니스 영역을 만들거나 이윤을 창출하는 과정을 위한 협력을 의미한다. 이와 같은 협력영역의 구분의 정의를 통해 협력 성격에 따른 변화를 보고자 한다.

위에서 브레인스토밍 – STEPPER – 상호작용 다이어그램을 통한 핵심 동인 추출, 독립변수 설정 과정을 통해 3차원 미래예측에 필요한 변수로 IP분쟁과 제도권 금융 2가지를 추출하였고 이와 더불어 TSEP 분석을 통해서 비즈니스 모델의 다양화(변화)을 추가 독립변수로 하여 시간에 따른 독립변수의 변화를 예측하면 다음과 같다.

 시간에 따른 독립변수의 변화

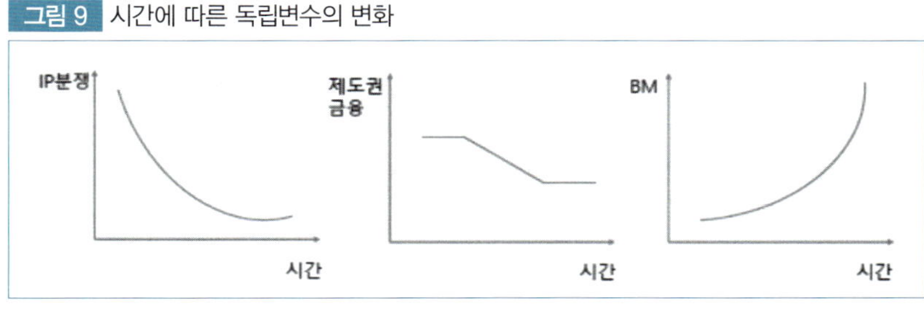

IP분쟁의 경우 특허분석에서 기술했듯이 핀테크 분야의 특성상 한 주체에서 모든 활동을 하기가 어렵고 협력 문화와 Open Innovation 등의 영향으로 점점 감소할 것으로 예상되었다. 제도권 금융의 경우는 현재 법제적인 규정 및 특례에 의해서 그 성격이 강한 경향을 띠나 핀테크 분야의 발전을 위해서는 여러 요소의 협업의 따른 경계의 약화, 제도의 완화가 예상되어 제도권 금융은 시간에 따라 약화되는 양상을 보일 것으로 예측된다.

비즈니스 모델은 현재의 기존 조직들이 자신의 형태를 유지한 상황에서의 협업을 시작으로 핀테크 분야의 미래 기술 발전과 융합적인 성격을 보면 다양한 시도를 통하여 증가되며 그 가속도도 커질 것으로 보인다.

그림 10 3차원 미래예측

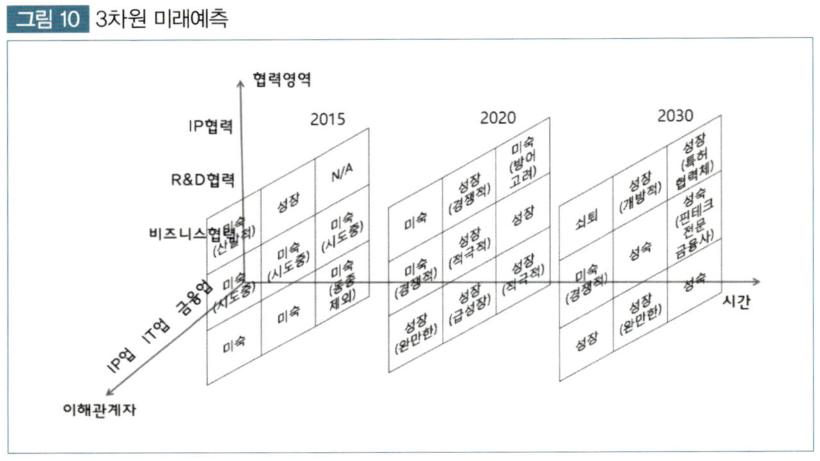

이들 독립변수의 변화로 미래를 예측해 보면 [그림 10]과 같다. 현재 각 주체의 협력은 R&D 협력을 중심으로 시도 중이며 이는 가까운 미래에 성장세를 거쳐 15년 후에는 성숙의 단계로 접어들 것으로 보인다. IP협력의 경우는 경쟁적인 성장의 단계를 거쳐서 공유, 개방적인 성격의 성장을 이룰 것으로 예상되며 비즈니스 협력은 현재는 가장 미숙하게 이루어지지만 가장 빠른 성장세를 가질 것으로 예상된다.

IP업계의 경우는 변화를 주도하기보다는 다른 주체의 변화에 따라 변화가 약간 지연되어 진행될 것으로 보인다. 금융업의 경우 현재는 제도권 금융의 특수성으로 보수적인 성향이 강해 IP협력이 일어나고 있지 않지만 핀테크로 금융시장이 서서히 재편되면서 가까운 미래에는 특허소송 방어를 위한 초기적인 협력체제를 구축하고, 최종 미래에는 단순히 소송 방어뿐

만 아니라 핀테크 기술 발전을 위해 특허협력체가 성장하여 금융권에 완
연해질 것으로 예측된다.

Ⅲ 결론

1. 결과통합 및 미래전략

1) 결과통합(미래예측)

지금까지 다양한 미래예측 기법을 사용하여 핀테크-IP의 미래를 예측해 보았다. [그림 11, 12]에 미래분할 기법을 통해 분할한 미래에서 미래분할 예측 기법을 통해 만든 4가지 미래를 현재, 중간, 희망미래로 구분하고 어떻게 변모할 것인지 흐름과 함께 상황을 설명하였다.

그림 11 미래흐름 예측

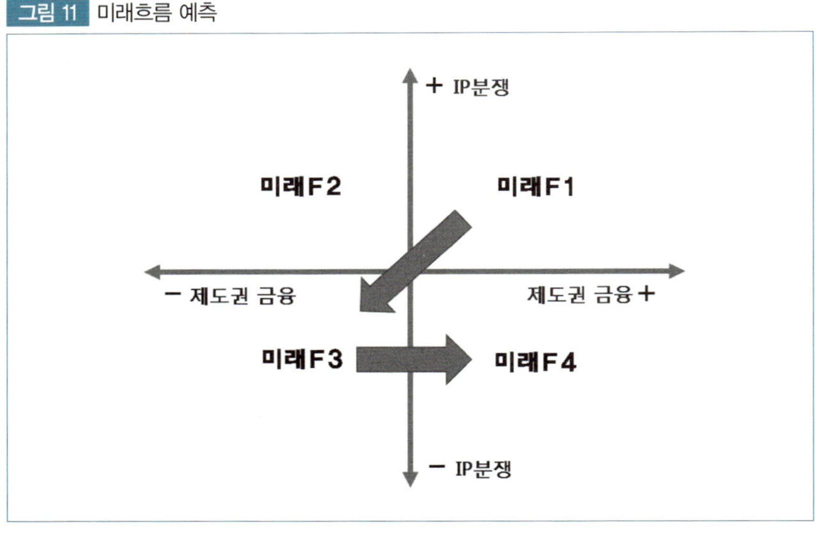

미래를 보는 7개의 시선

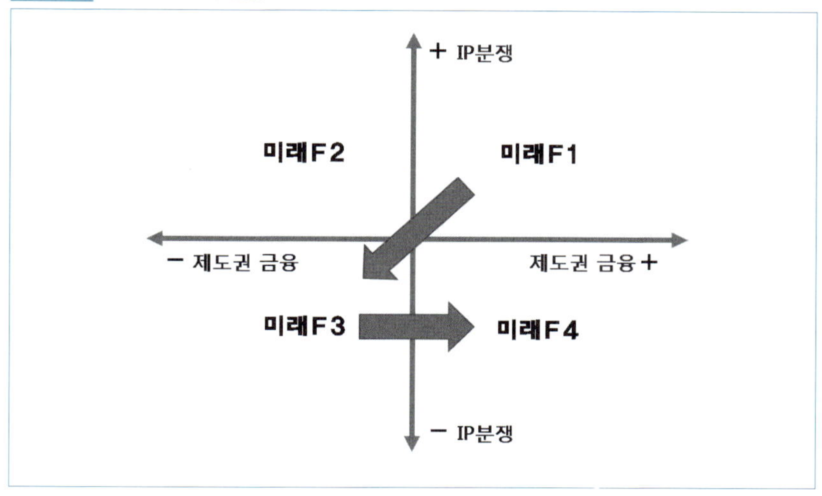

핀테크 분야는 경제적, 사회적, 정치적으로 필요성이 큰 산업으로, 계속적인 정부지원과 기업투자가 이루어질 것이며, IT업체와 금융권은 핀테크 분야의 성공을 위해 상호 협업을 수행하여 최적의 효율을 도모할 것으로 예상한다(15년 내에 업계 간 Deep relationship이 생길 것으로 예상).

IP의 성립성 범위를 좁게 인정하는 경향과 NPE의 무분별한 소송을 부정적으로 보는 시각으로 인해 IP의 영향력이 줄어들 것이다. 그러나 핀테크 분야의 규모가 커짐에 따라, 중요 IP의 파급력은 높아질 것이고, 핀테크 분야 진입에 대한 위험도도 증가할 것이다.

이와 같은 상황 속에 IT업체와 금융권은 IP에 따른 위험을 선제적으로 차단하고, 공적인 규제에 대해 대처할 필요성이 커질 것으로 여측된다.

2) 미래전략

- IT업체와 금융권은 IP협력전략을 수행해야 한다.

핀테크 유관 업체와의 IP 컨소시엄을 구성하여 분쟁의 대상이 되는 IP

를 매입/라이선스 받아 회원사에게 실시를 허락하거나, 보유 특허를 통해 소송 등을 진행함으로 회원사와 이익을 공유한다.

핀테크 관련 특허를 보유 업체간 IP협력조직을 구성하여, 협력조직 구성원 간 저렴 또는 무상의 상호 라이선스를 진행한다.

– IT업체와 금융권은 IP개방전략을 수행해야 한다.

IP를 개방하여 해당 기술의 자유사용을 통해 업계 간 분쟁문화를 희석화시키고, 도덕적 질타 문화 및 진보적 R&D 결과물 도출할 수 있는 문화를 형성시킨다.

개방된 IP 사용자들에 대한 제한의무(타인 소송 금지 등)도 함께 부과 가능하다.

미래를 보는 7개의 시선

 참고문헌

- 금융위원회(2015), 『금융용어사전』

- Accenture(2015), 『The Future of Fintech and Banking』

- WIPO, 『What is Intellectual Property?』, http://www.wipo.int/about-ip/en/

- KAIST 미래전략대학원(2014), 『대한민국 국가미래전략 2015』, 이콘

- Price Waterhouse Coopers LLP(2015), 『Patent Litigation Study』

화장 산업의 미래

미래학과 미래예측

Ⅰ. 개요

뷰티 산업이 IT와 콜라보레이션을 통해 차별화된 서비스들을 속속 내놓고 있다. 편의와 재미를 더하는 IT와 합리적 소비를 지향하는 최근 소비자들의 취향을 저격한 것이다.

최근 1~2년 사이 국내 주식시장에서 가장 주목받는 사업군으로 떠오른 것도 바로 화장품이다. 고성장하고 있는 산업이 디지털 기술과 만나 새로운 경쟁무기를 장착했다는 분석이다. 디지털이 뷰티 산업의 혁신을 이끌고 있는 것이다.

실제로 뷰티 산업은 디지털 기술과 융합하면서 제품개발, 생산, 마케팅과 유통 단계에 이르기까지 다양한 형태로 진화하고 있다. 대표적인 사례로 먼저 온라인, 특히 모바일 유통이 화장품 시장에서 큰 성장세를 보이고 있다. 이미 블로그, 페이스북, 인스타그램 등 SNS는 소비자들에게 뷰티 정보를 공유하고 제품, 서비스 공급업자들의 마케팅을 위한 플랫폼으로 활발히 활용되고 있다.

증강현실과 같은 IT기술이 활용되기도 한다. 증강현실 애플리케이션은 소비자가 오프라인 매장에서 제품을 직접 테스트하지 않고도 스마트 기기의 카메라를 통해 가상으로 메이크업, 헤어, 네일아트 등을 시연해 볼 수 있는 기능을 제공한다. 이미 대표적인 화장품 브랜드 로레알 등을 통해 소개되고 있는 증강현실 애플리케이션은 안면인식 기술을 기반으로 한다. 개개인의 표정, 눈매·입술 등 얼굴 윤곽을 구별하고, 얼굴의 다양한 움직임과 빛 각도에 따라 달라지는 발색력의 변화 등을 반영해 실저 화장한 얼굴을 미리 볼 수 있게 된 것이다. 이를 통해 자신에게 맞는 화장품의 종류와 색상, 화장 방법 등을 선택할 수 있다.

이처럼 뷰티 산업은 앞으로도 IT의 발달과 함께 활발한 융합을 시도할 것으로 전망된다. 복합적인 소비자들의 욕구를 만족시키기 위해선 빠르게 수집하고 분석할 수 있는 IT 산업과의 융합 가속화는 필수다. 더불어 아직 초기 단계에 머물러 있지만, 전도유망 궤도에 올라선 바이오기술 분야가 뷰티 산업과 함께 발전을 거듭한다면, 현재 동아시아에 국한된 뷰티 한류에서 한 걸음 더 나아가 글로벌 뉴프론티어로서 뷰티 산업의 새 지평을 선도할 수 있을 것으로 기대된다.

미래를 보는 7개의 시선

Ⅱ. 미래예측

1. 문제정의

분야	내용
1. 프로젝트 목적	2025년 뷰티 산업의 미래 예측
2. 사용자 및 용도	뷰티 산업 관계자, 바이오 의료계, 산학연 종사자, 정책 결정자
3. 자원(기간 및 예산)	50일, 대한화장품협회
4. 예측대상 시간범위	10년
5. 프로젝트 참여자	신선미, 안상희, 전지영, 아모레퍼시픽, 백화점 화장품 MD, 외국계 화장품/홈쇼핑 MD, 이화여자대학교 양은령, 숙명여자대학교 전혜정, 중앙대학교 이은주 외 5인 자료 제공
6. 이해관계자	대한화장품협회, 한국전자통신연구원(ETRI)
7. 데이터 활용 여부	SERI, DBPIA 등 〈IT 융합 뷰티 전망 보고서〉
8. 예측방법, 결과통합 방법	STEPPER, 이머징 이슈 분석, 상호작용 다이 어그램, SWOT, TSE, 텍스트 마이닝, 트렌드 분석
9. 소통(사용자, 이해관계자)	이해관계자 면담
10. 결과물(실행, 유지보수)	발표, 보고서 제출

오늘날 외모에 대한 관심은 남녀노소와 국적에 상관없는 메가 트렌드라 할 수 있다. 외모에 관심이 높은 이유로는 먼저 전 세계적으로 길어진 수명과 향상되는 경제 수준을 들 수 있다. 100세 시대를 맞아 안티에이징에 대한 욕구가 높아지고 있는 데다, 외모관리가 곧 자기관리의 지표로 여겨지면서 미용에 대한 사람들의 관심이 점점 더 높아지고 있는 것이다. 또한, HD TV 및 스마트폰 등을 통해 고해상도 미디어를 상시로 접하고, 스스로 찍은 사진이나 동영상을 공유하는 문화가 확산하는 것도 크게 영향을 미치고 있다.

이에 힘입어 화장품 산업이 새로운 성장동력으로 부상하고 있다. 과거에 화장품과 같은 뷰티 분야는 국내 소비자들만을 대상으로 하는 '내수용'이라는 인식이 강했다. 그러나 최근 선두 기업들을 중심으로 중국 등 아시아 시장에서 높은 성장세를 보이고 있다. 최근 '아시안 스타일'이 주목받고 있는 데다 한류 붐을 타고 국내 제품만 전문적으로 판매하는 업체들도 다수 등장하고 있다. 이런 분위기가 계속될 것이라는 기대감까지 형성되고 있다. 따라서 참신한 아이디어와 디지털 기술로 무장한 새로운 제품 및 사업 모델을 통해 세계 시장에서 좀 더 경쟁력을 강화할 수 있도록 해야 할 것이다. 이에 10년 후인 2025년, 뷰티 산업의 미래를 예측해 대응하고자 한다.

이를 위해 뷰티 산업 관계자와 바이오 의료계, 산학연 종사자들의 조언을 구해 IT와 융합한 뷰티 산업 전망 보고서를 작성했다. STEPPER와 이머징 이슈(emerging Issue) 분석, 상호작용 다이어그램, SWOT, TSE, 텍스트 마이닝, 트렌드 분석 등 다양한 예측 및 결과통합 방법을 이용해 다각도에서 미래 모습을 예측하기 위해 노력했다.

2. 관련 요소 추출

미래예측을 위한 관련 요소를 추출하기 위해 STEPPER를 활용했다.

표 1 STEPPER를 활용한 관련 요소 추출

7대 변수	미래변화 핵심동인 세부 구성요소
Society 사회	S1 : 늦어진 결혼 연령 / S2 : 화장하는 남성(그루밍족) S3 : 낮아진 화장 연령층
Technology 기술	T1 : IT기술 발전 / T2 : 사물인터넷 / T3 : 미용의학 발달
Environment 환경	E1 : 피부암을 유발하는 태양광

7대 변수	미래변화 핵심동인 세부 구성요소
Population 인구	P1 : 싱글족 증가
Politics 정치	P1 : 화장품 한류 영토 확장
Economics 경제	E1 : 자신에게 투자 확대 / E2 : 실용-편리 추구
Resources 자원	R1 : 천연생물자원 / R2 : 한의약

※ **S(Society, 사회)** ▸ 사회적으로 결혼이 늦어지고 있다. 그만큼 자기 자신을 위한 소비가 이뤄질 것으로 보인다. 이와 함께 화장하는 남자, 일명 '그루밍족'이 많아지면서 뷰티 산업의 주 고객층으로 올라섰고, 이들을 겨냥한 제품도 꾸준히 출시되고 있다. 화장을 하는 연령대도 낮아지고 있는 추세다. 중학생 심지어 요즘은 초등학생들도 화장을 하는 경우가 많다. 전반적으로 화장하는 것이 일상으로 받아들여지는 사회 분위기가 형성됐다.

※ **T(Technology, 기술)** ▸ 기술적으로는 스마트화를 생각할 수 있다. IT기술 발달에 힘입어 3D프린터 기술력은 더 높아지고, 머지않아 사물인터넷 시대가 도래할 것이다. 이미 운동과 식이, 수면 등 일상의 모든 활동을 스마트폰과 웨어러블 기기를 통해 측정하고 분석해 자기 자신을 관리하는 시대로 진화하고 있다. 이러한 스마트화 트렌드에 화장품과 뷰티케어 기기도 곧 합류할 것으로 보인다. 웨어러블 기기를 이용해 피부를 상태를 측정하고, 측정 데이터는 스마트폰 애플리케이션에 저장되고 분석되는 것이다. 이를 기반으로 그날그날의 화장품 사용과 뷰티케어 기기 사용을 제안함으로써, 더 효과적이고 안전한 개인 맞춤형 관리가 가능해질 것이다.

※ **E(Environment, 환경)** ▸ 환경적으로는 태양광을 꼽을 수 있다. 햇빛, 즉 태양광선은 피부 노화를 재촉하는 범인이다. 최근에는 태양광으로 인한 피부암을 우려해야 할 정도로 환경이 안 좋아지고 있다. 따라서 이러한 환경 변화를 고려한 화장품들이 향후 더욱 다양하게 출시될 것으로 전망된다.

※ **P(Population, 인구)** ▸ 인구 측면을 보면 싱글족이 증가하고 있다는 점을 들 수 있다. 이는 경제적 측면과도 연결된다. 싱글족 증가로 자신을 위한 투자가 점점 확대되고 있다. 과거 뷰티 소비자들은 남들이 구매하는 제품을 따라 구매하고 특별한 날에만 전문적인 서비스를 받는 등 수동적이고 소극적이었다. 하지만 최근의 젊은 층은 다르다. 끊임없이 트렌드를 탐색하고 남들과 차별화된 스타일을 만들기 위해 비용을 아끼지 않는다. 타국가 대비 미용에 관심이 높은 한국인들의 특징도 화장품 산업 발전에 힘을 실어주고 있다. 인터뷰한 리차드 생베르 로레알코리아 사장은 신제품을 개발하기에 앞서 까다로운 한국 소비자들의 반응을 가장 눈여겨본다고 말했다. 한국인들의 까다로운 요구는 국내 화장품 기업들이 경쟁적으로 새로운 기술과 서비스 개발에 집중케 하는 동력이 되고 있다.

※ **P(Politics, 정치)** ▸ 정책적인 요소도 화장품 산업 성장에 중요한 요소다. 가령 최근 한중 자유무역협정(FTA) 비준동의안이 국회에서 통과됨에 따라 한국산 화장품의 중국 수출이 크게 늘 것이라는 기대감이 있다. 현행 수입 화장품에 부과되는 6.5~10%의 관세가 한중 FTA로 인하되면 중국인들에게 큰 인기를 끌고 있는 한국산 화장품에 날개를 달아줄 것이다. 식품의약품안전처에 따르면 지난해 한국산 화장품을 가장 많이 수출한 국가는 중국이며, 수출 성장률 역시 중국(86.7%)이 가장 높았다. 앞으로도 정치 정책적 요소가 화장품 산업에 영향을 미칠 예정이다.

※ **E(Economics, 경제)** ▸ 경제적으로 봤을 때 합리적인 소비 트렌드가 화장산업 발전에 영향을 미치고 있다. 과거에는 무조건 비싼 화장품이 유행이었지만, 최근에는 무조건 비싼 제품보다는 경쟁 브랜드 대비 동등한 품질을 보유하면서 합리적인 가격을 제시하는 등 가성비가 뛰어난 제품이 인기다. 합리적 소비는 화장 트렌드 확산 문화, 마케팅에도 변화를 주고 있다. 뷰티 트렌드와 관련된 정보는 SNS 등을 타고 유례없이 빠른 속도로 공유되고 소비자들은 스마트폰을 이용해 관련 콘텐츠에 쉽게 접근할 수 있다. 전문 블로그나 카페에 게시된 정보를 탐색해 리뷰를 읽은 후 제품을 구매할지 말지를 결정하는 소비패턴은 일상화된 지 오래다. 이는 합리적 소비가 자리 잡은 것을 보여준다.

※ **R(Resources, 자원)** ▸ 마지막으로 자원적 측면은 천연생물자원과 우리나라의 독특한 자원으로 꼽을 수 있는 한의약을 들 수 있다. 이를 통해 우리는 중국에서 큰 인기를 끌고 있는 한방 화장품을 개발할 수 있었다. 결과적으로 새로운 카테고리 창출로 이어진 만큼 향후에도 소비자들을 충족시킬 만한 가치를 끊임없이 발굴하는 원동력이 될 것이다.

미래를 보는 7개의 시선

3. 핵심동인 결정

1) 상호작용 다이어그램

 상호작용 다이어그램

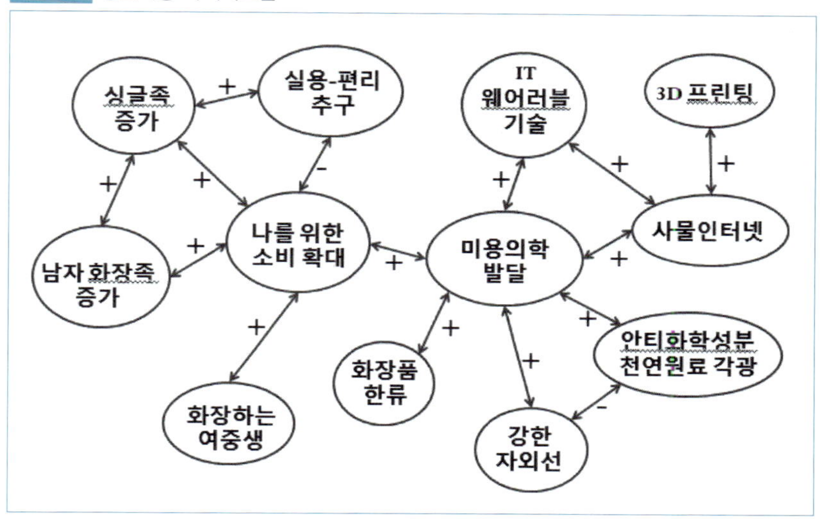

2단계에서 STEPPER를 통해 추출한 관련 요소를 바탕으로 상호작용 다이어그램을 그려보면 각 요소가 크게 두 가지 카테고리로 분류된다는 것을 확인할 수 있다.

싱글족이 증가하고 남성과 청소년들이 화장하는 경우가 많아지는 등 나를 위한 소비가 확대된다는 것, 그리고 화장품 한류가 거세진다는 것은 결국 화장 수요층의 확대, 즉 화장 산업의 시장 확대로 연결된다. 또 한 가지 카테고리는 웨어러블 기술과 사물인터넷, 3D프린팅 기술 등을 아우르는 IT기술의 발달이다.

결론적으로 화장 산업의 미래예측에서 '화장 수요'가 얼마나 많을 것인지, 그리고 'IT기술'이 얼마나 발달할 것인지 이 두 가지를 핵심동인으로 삼고 아래와 같이 문제 분할에 적용했다.

2) 미래예측에서의 문제 분할

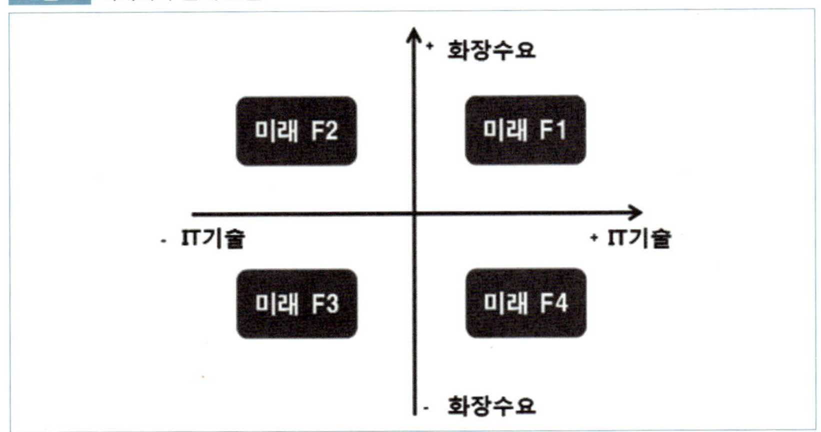

핵심동인인 'IT기술'과 '화장 수요'를 각각 x축과 y축에 넣어 미래 모습을 4가지로 분할하였다.

위에서 보는 바와 같이 미래 F1은 '화장 수요'가 많고 'IT기술'이 발달한 경우다. 이 같은 환경에서는 미용에 대한 사람들의 높은 관심과 함께 IT기술의 발달로 렌즈처럼 쓰고 벗는 화장이 가능할 것으로 전망된다. 한마디로 '웨어러블 화장'이라고 정의할 수 있는데, 여기에 바이오센서 기술의 발달이 더해진다면 피부 상태를 실시간으로 진단해 알려주고 피부 관리법까지 제시해 줄 수 있을 것으로 전망된다.

미래 F2의 경우는 'IT기술'의 발달이 더뎌 현재 상태에서 더 이상 크게 발전하지 못한 상황이다. 다만 미용에 대한 관심이 많아 '화장 수요'가 여전히 높은 만큼 IT기술이 더 발전한다면 새로운 화장 산업 분야를 창출할 수 있는 가능성은 있다.

미래 F3의 경우 '화장 수요'가 적고 'IT기술'의 발달도 눈에 띄게 이뤄지지 않은 상태로 화장 산업이 사양 산업이 된 경우다. 화장하는 남성(그루밍족)이 줄어들고 청소년뿐만 아니라 여성들도 화장을 멀리해 화장 수요가 감소한 상황이다. IT기술의 발전마저 더디게 이루어져 현재의 뷰티 한류 붐도 가라앉을 것으로 예측된다.

미래 F4에 따르면 'IT기술'은 발전하고 있지만 '화장 수요'가 감소하면서 웨어러블 화장에 대한 요구가 미미할 것으로 전망된다. IT기술이 의료나 금융, 주거 방식 등의 분야에는 변화를 가져올 수 있으나 화장 산업과 융합되지는 못하는 모습이다.

3) 이머징 이슈 분석

 연도별 결혼 평균 연령 변동 추이

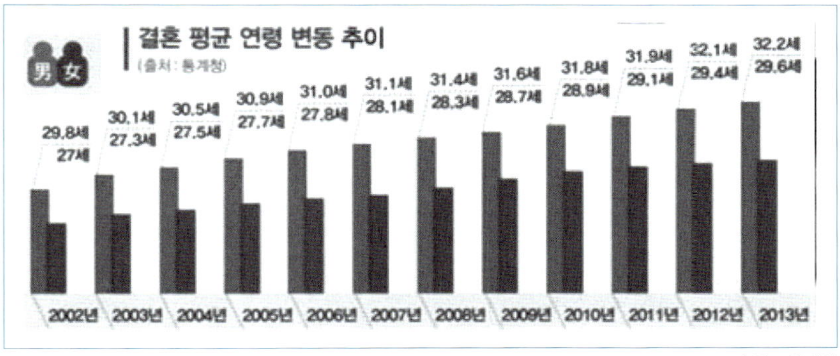

출처 : 통계청

해를 거듭할수록 결혼 평균 연령이 높아지고 있어 남녀노소 구분 없이 '관리의 중요성'이 커지고 있다. 통계청에 따르면 2013년 기준 대한민국 결혼 평균 연령은 남자 32.2세, 여자 29.6세다. 2002년 대비 남자는 2.4세, 여자는 2.6세 증가했다.

과거의 평균 초혼 연령은 20대 중반으로 서른이 되기 전에 서둘러 결혼하려는 경향이 강했다. 하지만 이제는 사회 분위기가 바뀌었다. 서른을 넘겨 결혼하는 것이 당연한 것처럼 여겨져 자기 관리에 대한 투자와 노력을 아끼지 않는다. '아저씨보다는 오빠 같은 30대', '아줌마보다는 언니 같은 30대'를 맞이하기 위해 뷰티에 대한 투자는 계속되고 있다.

 국내 주요 화장품 업체 남성화장품 상표출원 건수

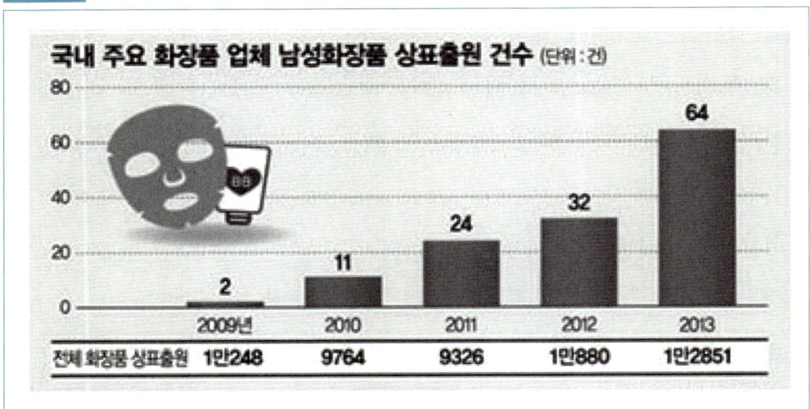

출처 : 특허청 특허정보검색서비스

 국내 남성화장품 시장 규모 (단위: 원)

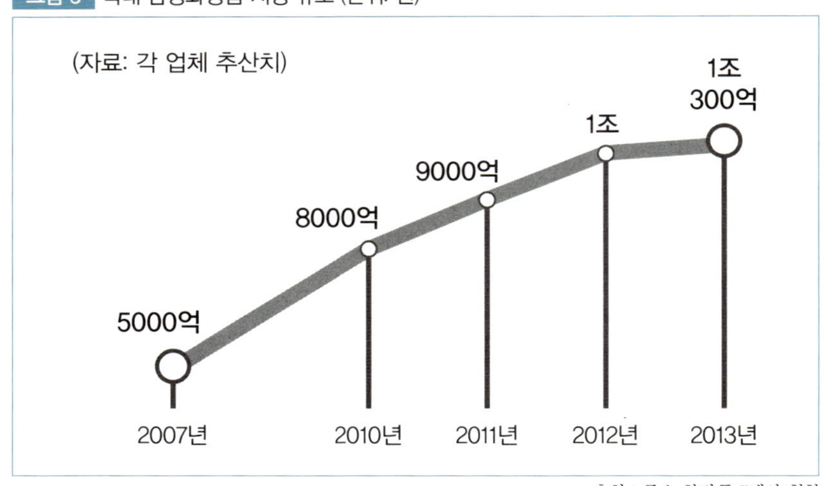

출처 : 주요 화장품 5개사 취합

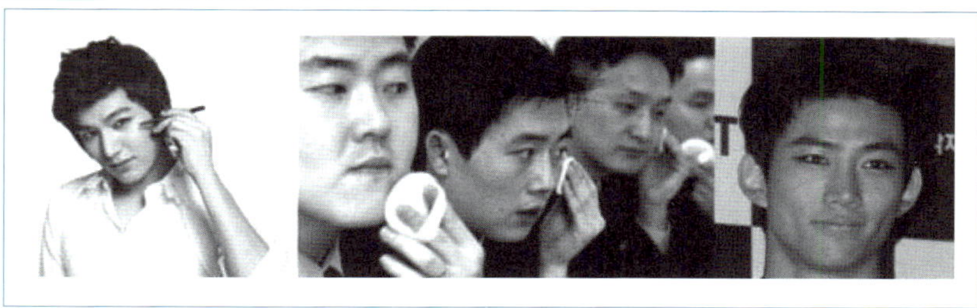

　패션과 미용에 아낌없이 투자하는 일명 '그루밍족'이 증가하면서 남성화장품 시장이 커지고 있다. 이에 따라 남성화장품 관련 상표출원 건수도 늘었다. 1970년대 4건에 불과했던 남성화장품 상표출원 건수는 1980년대 22건, 1990년대 56건을 거쳐 2000년 이후 246건으로 늘었다. 2010년 들어서는 건수가 가파르게 늘고 있다. 2010년 1월 1일부터 2014년 9월 30일까지 약 5년간 엘지생활건강, 아모레퍼시픽, 더페이스샵, 스킨푸드 등 주요 화장품 기업 4곳의 남성화장품 상표출원 누적 건수는 61건으로, 2010년 2건에서 빠른 속도로 증가했다.

　국내 남성화장품 시장 규모도 덩달아 커지고 있다. 남성 제품에는 주로 옴므(homme), 포맨(for men 또는 for man) 명칭이 붙는다. 2007년 5,000억 원에 불과하던 국내 남성화장품 시장 규모는 2010년 8,000억 원, 2011년 9,000억 원으로 증가한 후 2012년 처음으로 1조 원을 돌파했고, 2013년에는 1조 300억 원까지 커졌다. 흥미로운 점은 국내 남성화장품 시장 규모가 전 세계 남성화장품 시장의 5분의 1 규모라는 것이다.

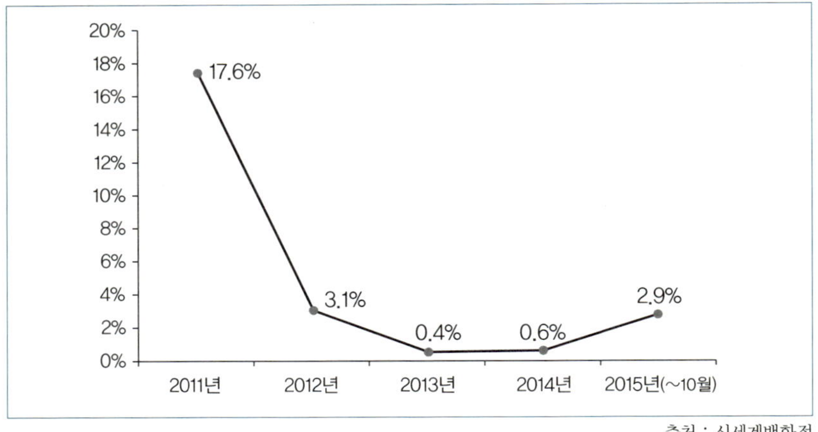

출처 : 신세계백화점

　화장품 구매 트렌드에도 최근 큰 변화가 찾아왔다. 과거에는 '샤넬', '에스티로더', '랑콤'과 같은 고가 화장품이 인기였다. 고가 브랜드 화장품을 주로 판매하는 백화점 1층은 늘 높은 매출성장을 자랑했다. 하지만 신세계백화점의 연도별 화장품 매출 신장률을 살펴보면 매년 두 자릿수로 성장하던 화장품 매출은 2012년에 곤두박질치더니 그 이후 3%를 넘지 못한다. 똑똑해진 소비자들이 '무조건 비싼' 화장품보다는 '나에게 맞는 화장품'을 찾기 때문이다. 최근 소비자들은 합리적인 소비를 추구한다. 저렴하면서도 질 좋은 화장품을 사용하는 소비 패턴으로 변화 움직임을 보이고 있다.

4) 텍스트 마이닝

　논문과 텔레비전 방송 프로그램 내용을 바탕으로 한 텍스트 마이닝 결과는 다음과 같다.

　「여중고생의 색조화장 실태 및 클렌징에 대한 태도(중앙대학교 의약식품대학원 향장미용학과 이은주 외 5인, 2009년)」 논문에 따르면 평균 연령 40.9세의 부모세대는 고등학교 졸업 후에 화장을 시작했다고 응답한 경우가 81.4%였다. 하지만 평균 연령 13.5세인 그 자녀세대들은 중학교 2학년 때 처음 화장을 접했다고 응답한 비율이 31.5%에 달했다.

「여중고생의 피부 및 메이크업이 심리적 안녕에 미치는 영향(숙명여대 향장미용 전혜정, 2014)」 논문에서는 중학교 3학년부터 고등학교 2학년 여학생을 대상으로 설문조사한 결과, 응답자의 36.9%가 화장을 '매일' 한다고 응답했다. '주 3회 이상' 화장한다고 답한 경우도 26.4%를 차지했다.

지난 5월 EBS 1TV에서 방영된 〈하나뿐인 지구 – 화장, 아이들을 위협하다〉 프로그램에 따르면 초등학교 3학년 여학생 중 화장을 처음 접한 시기가 '초등학생'이라고 답한 비율이 90%를 넘는다. 점차 화장을 시작하는 나이가 낮아지고 있음을 알 수 있는 대목이다. 또한, 10대를 겨냥한 화장품 시장은 4~5년 전부터 매년 20% 이상 성장해 현재 연간 2,500억 원 규모라고 한다.

5) 트렌드 분석

현재 화장과 IT기술의 접목은 어느 정도 이뤄지고 있을까? 소비자들의 요구를 만족시키기 위해 기존 업체들 외에 뷰티에 관심이 많은 일반인과 IT 스타트업 등도 사업에 활발히 참여하며 열기를 띠고 있다.

그림 8 애플리케이션 'YouCam MakeUp'을 활용해 화장한 얼굴을 예측해 본 모습

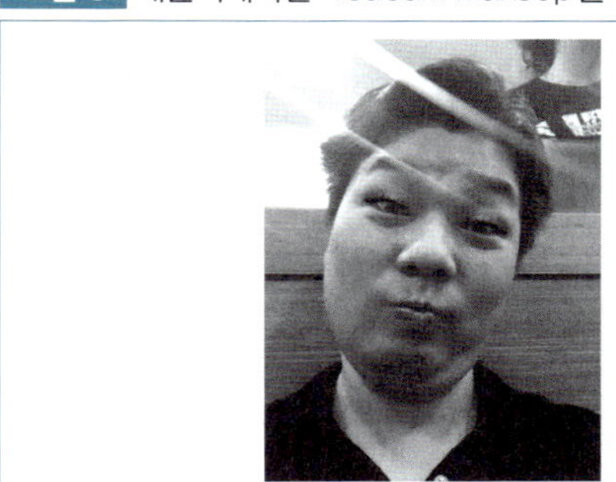

 3D로 안면 윤곽을 스캐닝하고 있는 모습

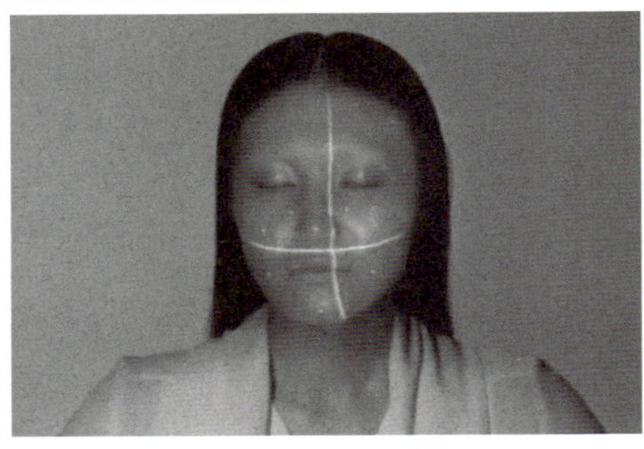

 피부 상태를 측정할 수 있는 스마트폰용 줌렌즈와 애플리케이션 '보떼캠'

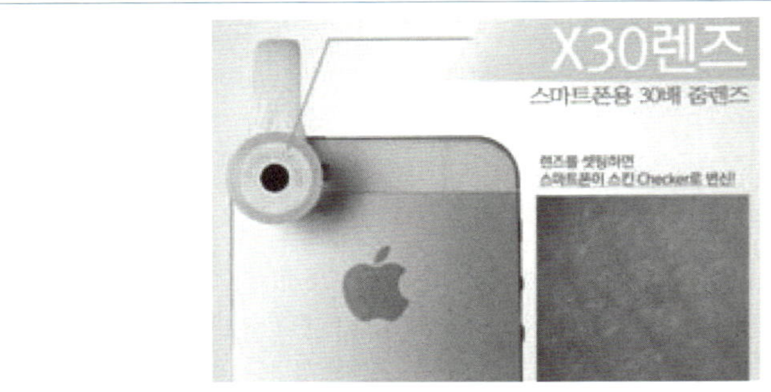

 색조화장품을 제조할 수 있는 가정용 3D프린터 '밍크(Mink)' 작동 시연 장면

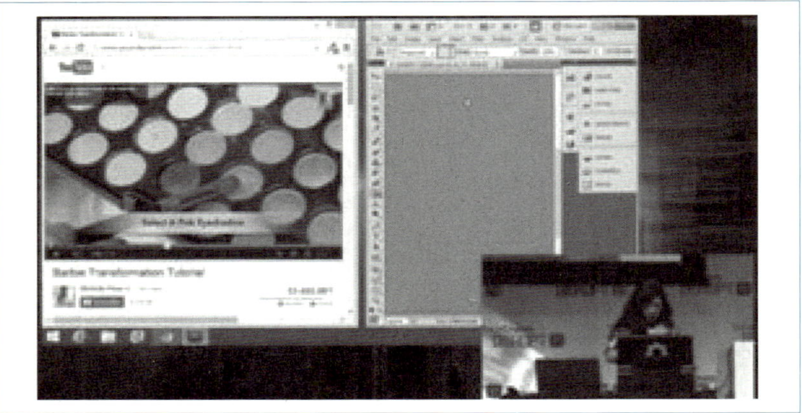

소비자들에게 보다 풍부한 콘텐츠와 경험을 제공하기 위한 수단으로 AR(증강현실)과 같은 IT기술이 활용되고 있다. 'YouCam MakeUp' 애플리케이션은 직접 화장을 하지 않고도 1초 만에 화장한 자신의 모습을 확인할 수 있다. 이 애플리케이션을 통해 화장 후 얼굴을 확인한 이용자는 자신에게 맞는 화장품의 종류와 색상, 화장 방법들을 쉽게 알 수 있다[그림 8]. 이외에 단지 화장뿐만 아니라 피부 상태를 측정하거나 가상 성형 수술 등을 시뮬레이션할 수 있는 애플리케이션도 출시돼 있다. 사물인터넷(IoT) 개념의 융합 제품들도 등장하는 추세다. 애플리케이션 '보떼캠'은 스마트폰에 확대 카메라를 장착해 피부 상태를 측정, 미용 관련 팁을 제공한다[그림 10].

3D 프린팅 기술 또한 개인 맞춤형 솔루션을 지원하는 하나의 도구로 사용될 수 있을 것이다. 이미 2014년 북미 최대 IT 온라인매체 테크크런치 주관 창업 콘퍼런스에서 립스틱과 아이섀도 등 색조 화장품 제조가 가능한 가정용 3D프린터 '밍크(Mink)'를 선보인 바 있다[그림 11]. 일종의 DIY 솔루션으로, 소비자가 원하는 색을 PC 혹은 모바일에서 선택하면 3D프린터가 미리 준비된 염료와 각종 화장품 재료를 섞어서 제품을 만들어낸다.

4. 미래예측

1) 시간 SWOT

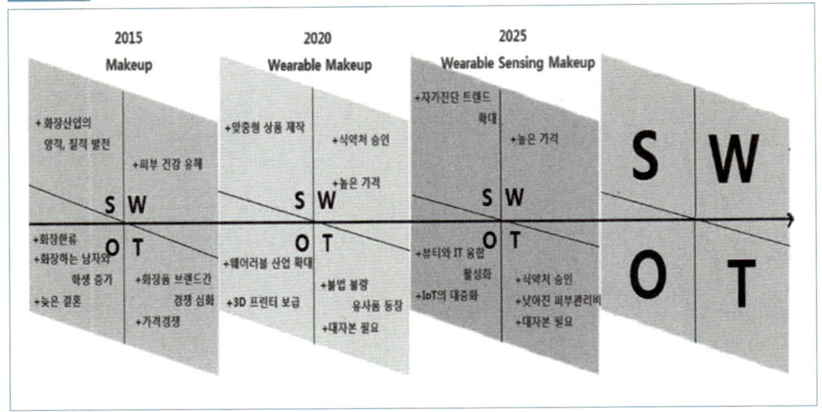

화장산업이 2015년 현재의 모습에서, 2020년에는 썼다 벗었다 할 수 있는 '웨어러블 메이크업'으로 발전할 것으로 예측했다. 이후 2025년에는 이러한 웨어러블 메이크업에 피부 상태를 측정하는 바이오센서 기능까지 갖춘 '웨어러블 센싱 메이크업' 시대가 열릴 것으로 내다봤다. 단계적 변화를 겪을 것으로 본 것이다.

2015년 현재는 우리나라가 화장 한류를 주도하고 있고 남성과 청소년을 포함한 화장 소비층이 두터워 화장 산업이 양적, 질적 성장을 이뤘다. 하지만 화장이 피부 건강에 해롭다는 인식이 약점으로 남아있다. 화장품 브랜드 간 경쟁도 심해져 차별화를 위해 소비자에게 색다른 체험과 즐거움을 제공하려는 노력이 보이는데 이는 또 다른 측면에서 화장품 산업 발전의 기회로 작용할 수 있을 것으로 보인다.

2020년 웨어러블 메이크업 시대에는 웨어러블 산업이 확대되고 3D프린터가 가정에 보급될 것이다. 이를 바탕으로 다수의 뷰티 기업들이 맞춤화된 제품과 서비스를 제공할 것으로 예측된다. 개인이 집에서 맞춤형 화장품을 손수 제작할 수 있는 환경이 되는 것이다. 하지만 불법으로 불량 재료나 유사품이 유통될 가능성이 있으며, 식약처의 승인 여부나 가격 장벽이 우려 요소로 남는다.

2025년 웨어러블 센싱 메이크업의 시대에는 뷰티와 IT기술이 융합되고, IoT가 대중화되면서 혈압이나 혈당을 직접 진단할 수 있는 자가진단이 트렌드로 자리 잡을 것으로 보인다. 웨어러블 기기를 이용해 피부 상태를 측정하고 측정된 데이터는 스마트폰 앱을 통해 분석된다. 이를 기반으로 그날그날의 화장품 사용과 뷰티케어 방법을 제안하며, 나에게 딱 맞는 웨어러블 센싱 메이크업도 맞춤 제작된다. 즉 더 효과적이고 안전한 개인 맞춤형 관리가 가능해지는 것이다. 하지만 식약처 승인 여부, 높은 가격은 넘어야 할 장벽으로 보인다.

2) TSE 분석

표 2 TSE

Technology 기술	Society 사회	Economics 경제
바이오센서 기능이 가능한 웨어러블 화장	− 편의성 − 화장의 새로운 문화 형성 − 화장 수요 계층, 연령대, 성별 더욱 확대 − 피부과, 화장 대행 샵의 부정적 반응	가격 경쟁력 갖추기 어려움

2025년에 펼쳐질 화장산업은 바이오센서 기능으로 피부 건강 상태를 측정하는 것은 물론, 썼다 벗었다 할 수 있는 웨어러블 화장이다. 사회적인 측면에서 봤을 때 이러한 편리성과 개인 맞춤형으로 더 많은 수요 계층이 화장에 접근할 수 있을 것으로 예측돼 상당한 시장 잠재력이 기대된다. 소비자 니즈에 기반한 제품 제작이 가능하고, 피부 상태 측정 및

07 화장 산업의 미래

관리가 가능해 효능과 안정성에 대한 신뢰 구축까지 담보되기 때문이다. 하지만 경제적인 측면에서 이러한 고가의 만능 뷰티 기기들이 일반 가정에 과연 얼마나 자리 잡을 수 있을지 의문이다. 가격 경쟁력을 갖추는 것이 관건이다.

5. 미래전략 결과 통합

표 3 예측 결과 통합

	Growth 지속성장	Collapse 몰락	Discipline 조정	Transform 재도약
Make-up Population	Increase	Decrease	Monotonous	Revolutionary
IT Technology	Progressive	Steady	Gradual	Constant
Bio Sensor Technology	Progressive	Set Back	Status quo	Creative
Social Atmosphere	Activating	Banned	Regulative	Encouraged

예측 결과 통합을 통해 웨어러블 센싱 화장 산업의 미래를 살펴봤다. 화장 인구가 얼마나 되는지, IT기술과 바이오센서 기술은 얼마나 발달할지, 이러한 흐름이 사회적인 분위기와 어떻게 맞물릴지 등 네 가지 측면을 바탕으로 지속성장, 몰락, 조정, 재도약 등 4가지 경우의 미래 모습을 예측했다.

지속성장
(Continued growth)

우선, '지속성장'할 경우의 미래다. 화장 인구는 지금껏 그래 왔듯이 지속해서 증가하고, IT기술과 바이오센서 기술도 활발히 발전해가는 모습을 보일 것이다. 더욱 광범위해진 소비자의 니즈에 부합된 만큼 실용성과 함께 많은 소비자가 수용 가능한 가격대에 진입했을 것으로 예상된다. 이에 따라 웨어러블 센싱 화장은 일상화됐을 것이다.

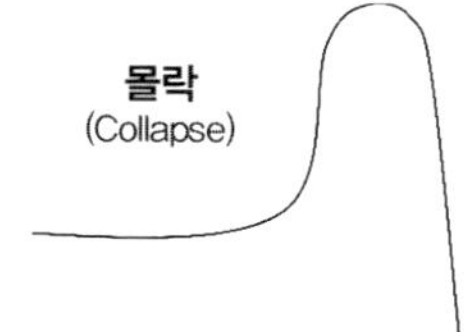

이와는 정반대로 '몰락'하는 미래를 가정해 보자. 화장 산업이 몰락하게 된다면 주 요인은 친환경주의로 화장 인구가 급감하는 경우일 것이다. 화장품을 개발할 때 시행되는 동물실험을 극렬하게 반대하는 세력이 커지고 피부 건강을 위해 오히려 화장을 덜 하는 쪽으로 인구가 이동하게 되는 것이다. 물론 IT와 바이오센서 기술 발전에도 한계가 있을 것으로 예상된다. 이에 따라 개인맞춤형 화장품은커녕 효능과 안정성에 대한 신뢰마저 잃게 될 가능성이 높다.

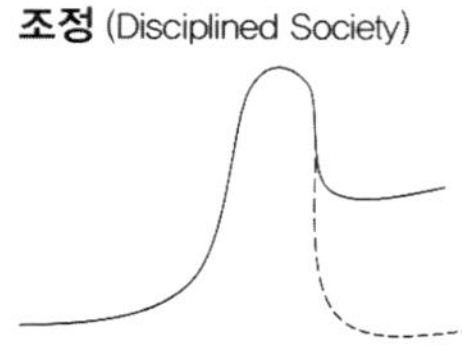

'조정'을 겪는 미래도 예측해 볼 수 있다. 웨어러블과 바이오센서 기능을 하는 메이크업이 기술적으로는 가능하지만 대중화에는 실패한 경우로 볼 수 있다. 신기술이 개발도는 초기에는 많은 관심을 갖고 시장이 확대되는 듯하지만, 높은 가격 장벽을 넘지 못하고 대중화되지 못한 것이다. 기존 피부과나 피부관리실에서도 가격 경쟁력을 내세워 웨어러블 센싱 메이크업의 대중화에 반기를 들었을 것으로 예상할 수 있다. 따라서 이 기술은 가정용으로 발전하지 못하고, 연극이나 패션쇼 같은 공연 무대에 서는 특수집단에서만 사용되는 제한적 발전을 이룰 것으로 예측된다.

마지막으로 '재도약'의 미래다. 주춤하는 듯하다가 다시 증폭되는 계기를 만들어주는 요소가 있을 것으로 보인다. 이런 변곡점을 만드는 요소로는 바이오센서 기술을 꼽을 수 있다. 현재로써는 많은 기술적 발달을 이루지 못했기 때문에 그만큼 무한한 가능성과 잠재력이 있는 요소가 바로 바이오센서 기술이라고 보았다. 이를 바탕으로 빅데이터 분석 기술이 더해진다면 개인의 피부톤, 눈매나 입술의 모양, 라이프 스타일과 선호 사항 등을 종합적으로 분석해 개인에 맞춤화된 어드바이스를 제공할 수 있을 것이다.

미래를 보는 7개의 시선

Ⅲ. 결론

미(美)에 대한 관심은 과거에도 그랬고 지금도 그렇듯 앞으로도 세기를 초월해 계속될 것으로 보인다. 아름다움을 추구하는 본능과 함께 최근 뷰티 산업은 디지털 기술과 융합하면서 제품 개발, 생산, 마케팅과 유통 단계에 이르기까지 다양한 형태로 진화하고 있다. 최근 선두 기업들을 중심으로 중국 등 아시아 시장에서 높은 성장세를 보이고 있고 앞으로도 이러한 분위기는 지속할 것으로 전망된다.

뷰티 산업 시장 규모는 2014년을 기준으로 2,140억 달러, 2000년대 이후 연간 5% 성장률을 꾸준히 유지해왔다. 성장률 또한 5% 선에서 2020년까지 무난히 유지될 것으로 예상된다. 그 대신 과거 시장 성장을 주도하던 미국과 유럽, 일본 시장의 성장세는 2~3%대로 낮아지고 아시아, 남미 등 신흥 시장의 뷰티 산업 성장률은 10%에 육박하는 등 지역별로 발전 양상이 매우 다르게 나타날 것으로 예측된다.

최근 개인화, 스마트화가 뷰티 분야에서도 중요한 트렌드로 자리 잡으면서, IT기술과의 융합도 다방면에 걸쳐 시도되고 있다. IT기술은 미용기기와 같은 새로운 카테고리의 제품 등장을 가능하게 하거나 스마트폰 앱과 가상현실체험 등을 통해 기존 제품의 사용경험을 좀 더 풍부하게 하고 있다. IT기술에 이어 향후 바이오 의학 분야까지 뷰티 산업에 접목된다면 실시간 피부 자가진단은 물론, 썼다 벗었다 하는 웨어러블 화장 시장도 형성될 것으로 예측된다.

우리는 2020년에는 썼다 벗었다 할 수 있는 '웨어러블 메이크업'으로 화장 산업이 발전할 것으로 예측했다. 2025년에는 이러한 '웨어러블 메이크업'에 피부 상태를 측정하는 바이오센서 기능까지 갖춘 '웨어러블 센싱 메이크업'의 시대가 열릴 것으로 내다봤다. 뷰티 산업에서 IT와 BT의 접목은 사실상 소비자들의 니즈를 충족시키기 위해 일어나는 필연적인 현상이 될 것이다. 개개인에게 맞춤화된 화장이 가능해 남들과는 차별화된 스타일을 원하는 소비자들의 취향을 저격할 수 있기 때문이다. 이와 함께 바쁜 일상 속에서도 편리하게 썼다 벗을 수 있는 웨어러블 화장은 편리성을 담보하며, 기술의 발달로 합리적인 가격에 구입할 수 있게 돼 수요 또한 폭발적으로 성장할 것으로 예상된다. 특히 과거 화장이나 외모 관리에 무심했던 잠재적 소비자들을 시장으로 끌어오는 데 성공할 것으로 보인다.

따라서 정부와 업계는 장기적인 안목을 갖고 미래 뷰티 산업을 준비해야 한다. 현재 우리나라는 문화 한류에 힘입어 화장 한류를 누리고 있고 IT기술력도 세계에서 인정받고 있다. 향후 현재의 지위를 뛰어넘거나 적어도 유지하기 위해서는 '뷰티 코리아 정책'과 'IT기술'을 접목하는 신(新)산업 육성 정책이 필요하다. 이를 통해 참신한 아이디어와 디지털 기술로 무장한 새로운 제품과 사업 모델을 통해 세계 시장에서 경쟁력을 강화할 수 있도록 해야 한다.

화장산업을 IT, 바이오 등 타산업과 활발히 융합하면서 변화를 도모한다면 뷰티 산업의 혁신과 진화에 큰 역할을 할 것이다. 데이터 분석 전문 과학자 등을 내부 연구진으로 확보하는 것도 방법이다. 제품 개발에서도 자체 연구소를 통한 연구개발뿐만 아니라 중소형 기업과 연구기관과의 파트너십을 상시로 추진해야 할 것이다. 또한, 3D프린팅과 사물인터넷 등 신기술을 활용해 맞춤화된 제품과 서비스를 제공하기 위한 연구도 필수다. 이를 바탕으로 가격 경쟁력까지 확보한다면 뷰티 산업의 미래는 밝다고 본다.

다만, 화장을 하는 궁극적인 이유가 아름다워 보이기 위함이라는 사실을 놓쳐서는 안 된다. 아무리 편리하고 피부 건강에 좋다고 해도 아름다워 보이지 않으면 신기술과 접목된 화장 기술은 의미가 없다. 따라서 경쟁력 있는 화장술 표현과 함께 효능과 안전성에 대한 신뢰 구축도 필요하다.

 **참고문헌**

- 구민주(2012), 「여고생의 화장행동특성과 영향요인에 관한 연구」, 석사학위논문, 이화여자대학교

- 박은희(2013), 「남성의 유행선도력에 따른 화장품 구매실태와 평가 기준」, 석사학위논문, 대구대학교

- 박장순(2013), 「인구통계학적 요인에 따른 남성색조화장의 이용실태에 대한 연구」, 한국인체미용예술학회지, 14(4), 77

- 신명자(2000), 「여대생의 미용행태 및 그에 따른 건강 위해 실태조사」, 석사학위논문, 이화여자대학교

- 오수연(2006), 「새로운 소비 군단 싱글족」, 한국마케팅연구원, 40(11), 64~66

- 윤수영(2015), 「화장품 한류의 미래 바이오 화장품이 이끈다」, LG경제연구

- 이은주 외(2009), 「여중고생의 색조화장 실태 및 클렌징에 대한 태도」 석사학위논문, 중앙대학교

- 장선미, 김주덕(2013), 「청소년들의 화장품 사용실태 및 구매행동에 관한 연구」, 석사학위논문, 숙명여자대학교

- 전혜정(2014), 「여중고생의 피부 및 메이크업이 심리적 안녕에 미치는 영향」, 석사학위논문, 숙명여자대학교

채명수, 정갑연(2015), 「남성 싱글족의 색조화장품 이용실태와 현황에 관한 연구: 20, 30대 남성 싱글족을 대상으로」, 글로벌경영연구, 27(1), 55~67